Jo-Jo

Lesebuch 4

Erarbeitet von

Katja Eder
Silke Fokken
Tanja Glatz
Nicola Kiwitt

Cornelsen

Inhalt

Miteinander

Tausend Dummheiten

Es war Sommer, als Luzi in unsere Klasse kam. Ich erinnere mich an seine nackten, haarigen Arme. Dass Luzi ein junger Teufel war, erkannte man erst auf den zweiten oder dritten Blick, denn die Höcker, die er auf der Stirn trug, waren noch klein.
„Das ist Luzi", sagte die Lehrerin. „Er kommt von weit her und er will unser Freund werden."

In der ersten Stunde war Mathe. Während die Lehrerin redete, starrte Luzi sie unentwegt an. Er hatte etwas Flackerndes in den Augen.
„Was ist los, Luzi?", fragte sie. „Kannst du jetzt bitte aufpassen?"
„Das kann ich, das tu ich ja schon", sagte Luzi.
„Ich kann überhaupt Verschiedenes, zum Beispiel rülpsen, sooft ich will." Und er zeigte, dass das stimmte. Er rülpste, bis Bruno sagte: „Das kann ich auch." Brunos Rülpser tönten aber weniger natürlich.
Die Lehrerin rief: „Genug! Öffnet eure Hefte!"
Sie reichte Luzi ein neues Heft und er schlug es auf. Dann schloss er es wieder.
„Öffnen, Luzi", sagte sie, und Luzi gehorchte.
Sobald sie wegblickte, klappte er es aber zu.
Viele von uns fingen nun mit ihren Heftseiten wie verrückt zu wedeln an. So ging die erste Stunde zu Ende.

S. 172 Textwerkstatt

Wir unternahmen viel mit ihm zusammen. Bei einigen Spielen schlug Luzi kleine Änderungen der Regeln vor. So durfte das Ziel beim Hüpfspiel „Himmel und Hölle" nicht der Himmel sein, denn dorthin wollte Luzi nicht. Luzi schwärmte sehr für die Hölle. Eines Abends verriet er uns, warum er ausgezogen und zu uns gekommen war. Er machte in unserem Dorf seine Lehre als Teufel. Hier lernte er, uns zu Dummheiten und Frechheiten anzustiften. Hatte er einmal tausend Dummheiten beisammen, so war seine Lehrzeit zu Ende und er durfte in die Hölle zurück. Für jede Dummheit ritzte er mit einem Nagel eine Kerbe in seinen Huf.

„Wie weit sind wir denn jetzt schon?", fragte Susanne.
„Wir stehen bei dreihundertfünfzig", antwortete Luzi.
„Dann bleibst du ja noch eine Weile bei uns", sagte ich.

Text: Jürg Schubiger / Bilder: Eva Muggenthaler

Schnupper-Seite: Miteinander

Briefwechsel

Sehr geehrte Frau Meier!
Ihr Sohn Markus
isst während des Unterrichts
und arbeitet nicht mit.

Sehr geehrter Herr Lehrer!
Ihr Schüler Markus Meier
hält sein Zimmer nicht in Ordnung
und bröselt während des Fernsehens
Kartoffelchips auf den Teppich.

Gottfried Herold

„Für jede Eins im Zeugnis
bekommst du ab heute
von mir fünf Euro!“,
verspricht die Oma dem Enkel.
Darauf dieser: „Ach Oma,
wollen wir nicht lieber klein
anfangen, und du gibst mir
für jede Fünf einen Euro?“

Ich, du, er, sie, es

ICH, DU, ER, SIE, ES,
deutsche Sprache ist ein Stress.
EUCH und EUER, WIR und IHR,
wozu sitz ich denn bloß hier?
UNS und UNSER, DEIN und MEIN,
lass ich's Lernen lieber sein.
Leg mich hin, die Augen zu –
GUTE RUH!

Roswitha Fröhlich

Welches Wort baut die Maschine?

Lösung S. 206

Freunde oder Feinde?

In der Hagar-Schule geht es zu wie in jeder anderen Grundschule. Auf dem Hof spielen Kinder Fußball. Auf einer Bank sitzen zwei Lehrerinnen und schauen zu. Gerade ist Wasim am Ball, er schießt, hat aber nicht gut gezielt. Der Ball kullert auf die Wiese. Wasims Schulfreundin Shira mag Fußball nicht. Deshalb sitzt sie lieber in der Bibliothek und liest dort mit ihren Freundinnen.

Klingt alles ganz normal? Ja, und trotzdem ist die Hagar-Schule alles andere als das. Denn Shira und Wasim leben in Israel, einem Land, in dem sich seit mehr als 60 Jahren zwei Völker streiten: Israelis und Palästinenser. Die Mehrheit der Israelis gehört zum Judentum. Die meisten Palästinenser gehören zum Islam. Sie sind Muslime. Shira ist zehn Jahre alt, Israelin und Jüdin. Wasim ist ein Jahr jünger. Er ist Palästinenser und ein Muslim.

An der Hagar-Schule versuchen die Lehrer den Kindern zu erklären, dass Shira und Wasim nicht kämpfen müssen. Sie können sich das Land teilen. Es kann Shiras und Wasims Zuhause sein. In jeder Klasse gibt es deshalb genauso viele Palästinenser wie Israelis, keine Gruppe soll größer sein als die andere.

Neben normalen Fächern wie Mathematik und Englisch haben die Kinder einen ganz besonderen Religionsunterricht. Darin lernen sie alle Feste des Judentums und des Islams kennen. Shira findet das gut: „Vorher wusste ich nur, dass es den Fastenmonat Ramadan gibt. Jetzt weiß ich, dass die Muslime damit die Zeit feiern, in der Allah ihnen vor fast 1400 Jahren den Koran gegeben hat."

Wasim hat gelernt, dass für die Juden Jom Kippur der wichtigste Feiertag ist. Der Begriff bedeutet „Versöhnungstag" und ist das Ende einer 40-tägigen Zeit, in der sich Juden besonders darum bemühen, zu allen Menschen gerecht zu sein. An Jom Kippur selbst dürfen sie 26 Stunden lang nichts essen und trinken.

Shiras Muttersprache ist Hebräisch. In der Schule lernt sie auch Arabisch, die Sprache der Palästinenser. Für manche Israelis ist Arabisch die Sprache ihrer Feinde. Shira sagt, dass das Quatsch ist. „Ich kenne Kinder, die haben Schlechtes über Palästinenser gesagt. Auf dieser Schule habe ich festgestellt: Die Kinder hatten nicht recht."

„Hier gibt es keinen Streit, nur Frieden", sagt Wasim.

Rico Grimm

Die Brücke

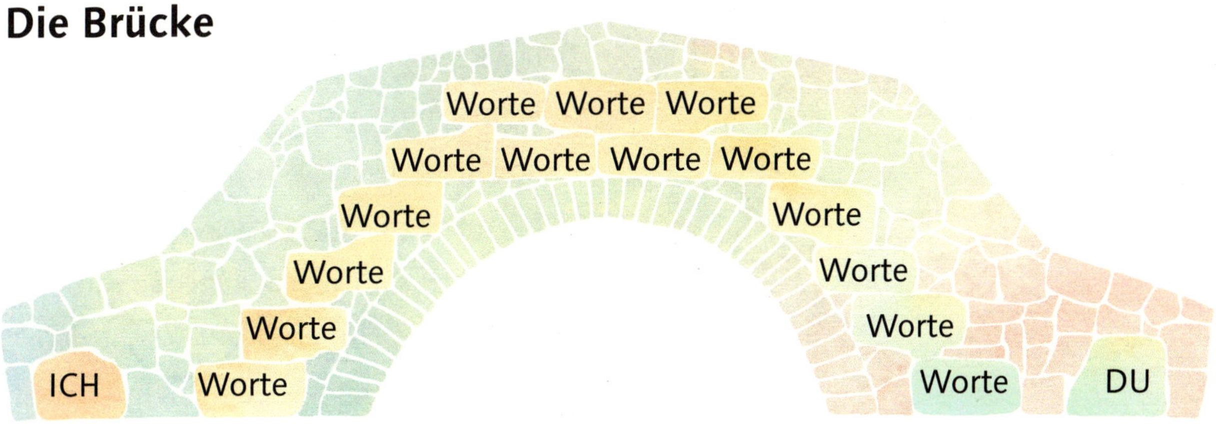

Renate Welsh

Hilfe, ich hab meine Lehrerin geschrumpft

Vier Minuten nach acht kam ich völlig außer Atem vor der Schule an.

Ich sitze immer neben Ella, und auch jetzt quetschte ich mich neben sie.

„Hoffentlich kriegen wir heute nicht noch Mathe zurück."

Ich spürte, wie sich an meinem ganzen Körper Gänsehaut bildete.

Frau Schmitt-Gössenwein hatte mir in der letzten Mathematikarbeit eine Fünf plus verpasst. Fünf plus! Das sagt schon alles.

Es sind nur fünfundvierzig Minuten, sagte ich mir, *nur fünfundvierzig Minuten.*

Schwungvoll wurde die Tür aufgerissen und sie betrat den Raum. Ich hätte nicht sagen können, was so furchterregend an ihr war. Eigentlich sah sie völlig normal aus: dunkle Ponyfrisur, Brille, mittelgroß, mitteldick und wahrscheinlich auch mittelalt.

Das einzig Herausragende war ihre Nase. Sie war so lang und spitz, dass man damit hätte Käse schneiden können.

Die Stunde verlief vergleichsweise harmlos. Wir sollten Aufgaben aus dem Buch rechnen und ich schrieb endlose Zahlenkolonnen in mein Heft.

Nur noch zwei Minuten!

Die Klingel schrillte.

Nun gab es kein Halten mehr, alles sprang auf.

„Halt, halt! Ich hab noch etwas für euch."

Frau Schmitt-Gössenwein lächelte unangenehm und öffnete ihre Aktentasche.

„Scheiße. Die Arbeit!", stöhnte Mario.

Vorsichtig öffnete ich mein Heft. Sechs!

Ich konnte es nicht fassen.

Die Klasse leerte sich in Windeseile.

Frau Schmitt-Gössenwein saß am Pult und kritzelte etwas ins Klassenbuch.

Ich musste sie dazu bringen, mir wenigstens noch eine Fünf zu geben.

„Das ist doch ungerecht, ich habe drei Aufgaben richtig. Hier!" Ich tippte auf meine Arbeit.

„Willst du mir etwa vorschreiben, wie ich zu zensieren habe? Du kannst zur Abwechslung mal was Vernünftiges tun. Wisch die Tafel!“

Ich dachte daran, was mir meine Mutter einmal gesagt hatte:

„Wenn du vor jemandem große Angst hast, musst du ihn dir einfach in Unterhosen vorstellen. Oder lass ihn in Gedanken immer kleiner werden. Du wirst sehen, das funktioniert.“

In Unterhosen wollte ich mir die Schmitt-Gössenwein auf keinen Fall vorstellen!

Während sie weiter keifte, ließ ich sie einfach kleiner werden. Wie eine Klette hing sie an mir dran, dabei schrumpfte sie weiter. Inzwischen war sie kaum größer als meine Hand.

Auf dem Gang waren Schritte zu hören. Ohne nachzudenken, hatte ich die Schmitt-Gössenwein von meinem Ärmel gezupft wie ein Insekt und in meine Jackentasche gestopft. Ich hielt die Tasche zu und spürte, wie es darin rumorte. Bloß weg hier, ehe jemand merkte, was ich angerichtet hatte!

Ich rannte und rannte. In meiner Jackentasche bewegte sich nichts.

Hatte sie sich in Luft aufgelöst?

Hoffentlich!

Vorsichtig zog ich meine Hand weg, da erschien ein Kopf mit dunkler Ponyfrisur und Brille. Der Mund öffnete sich. Die Stimme von Frau Schmitt-Gössenwein war mit ihr geschrumpft, aber leider nicht sehr.

„Felix Vorndran! Du hörst jetzt sofort mit diesen Albernheiten auf und bringst das wieder in Ordnung.“

„Aber das kann ich nicht, ich weiß doch nicht, wie!“, flüsterte ich verzweifelt.

„Was hast du vor?“, rief Frau Schmitt-Gössenwein entsetzt.

„Wir gehen jetzt erst einmal zu mir nach Hause.“

Ich ging rasch in mein Zimmer und machte die Tür zu. Mein Hamsterkäfig war leer, Hannibal war kurz vor unserem Umzug gestorben. Vorsichtig zog ich Frau Schmitt-Gössenwein aus meiner Jackentasche, setzte sie in den Käfig und schloss das Türchen. Sie sah sich verwirrt um, dann rüttelte sie an den Gitterstäben und schrie:

„Felix Vorndran, mach sofort die Tür auf, sofort! Das gibt einen Tadel, ich werde mich beim Direktor beschweren …“

Ich zuckte nur mit den Schultern. Konnte es etwas Schlimmeres geben, als die verhasste Mathelehrerin bei sich daheim im Hamsterkäfig sitzen zu haben? Frau Schmitt-Gössenwein schien ebenfalls begriffen zu haben, dass es nichts, aber auch gar nichts gab, womit sie mir drohen konnte.

„Warum hast du das getan?“, fragte sie nach einer Weile.

Ich hockte mich vor den Käfig.

„Ich weiß es nicht, es war keine Absicht … ich hatte solche Angst … und da habe ich mir vorgestellt, Sie würden immer kleiner und kleiner und …“

„Dann stellst du dir jetzt eben vor, ich werde wieder größer“, sagte sie. „Aber zuerst lässt du mich hier raus.“

Ich öffnete das Türchen und Frau Schmitt-Gössenwein schritt in diesem typischen zackigen Gang, in dem sie auch immer die Klasse betrat, aus dem Käfig und sah sich um.

„Fang an!“, befahl sie.

Ich strengte mich an. Und wie! Ich versuchte es mit offenen und dann noch einmal mit geschlossenen Augen. Ich stellte mir Frau Schmitt-Gössenwein so groß wie einen Elefanten vor, ließ sie mit dem Kopf durch die Zimmerdecke stoßen, verlieh ihr Beine wie griechische Säulen. Vergeblich. Sie blieb winzig. Sie stampfte mit dem Fuß auf, was ziemlich lächerlich aussah.

„Hol deine Mutter! Sofort!“

Ich kniete immer noch auf dem Boden vor ihr.

„Ich lasse mir etwas einfallen“, sagte ich. „Das verspreche ich Ihnen!“

Sabine Ludwig

Sprecht über den Rat von Felix' Mutter. Welche Vorstellungen helfen dir gegen Angst?

Herrn Bremser geht ein Licht auf

Luise, genannt Pünktchen, ist richtig sauer! Ihr Freund Anton kümmert sich tagsüber um seine kranke Mutter und verkauft nachts Schnürsenkel, damit sie überhaupt Geld haben – heimlich natürlich. Kein Wunder, dass Anton immer müde ist und in der Schule nicht ordentlich aufpassen kann. Und ausgerechnet da will der Lehrer Antons Mutter einen Brief schreiben. Höchste Zeit, dass Herrn Bremser ein Licht aufgeht, findet Pünktchen und macht sich auf den Weg.

IN DER RECHENSTUNDE EINGESCHLAFEN IST ER! UND NUN WOLLEN SIE SEINER MUTTER EINEN BRIEF SCHREIBEN!
STIMMT, DER GEHT HEUTE NOCH AB!
NUN HÖREN SIE MAL ZU!
ANTONS MUTTER IST SEHR KRANK! MAN HAT IHR EINE PFLANZE HERAUSGESCHNITTEN!
UND NUN LIEGT SIE IM BETT UND KANN NICHT ARBEITEN!
DAS WUSSTE ICH NICHT!
SIE KANN AUCH NICHT KOCHEN, ABER IRGENDJEMAND MUSS DOCH KOCHEN! UND WISSEN SIE, WER KOCHT? ANTON KOCHT!
SALZKARTOFFELN MIT SPIEGELEI UND SOLCHE SACHEN, EINFACH GROSSARTIG!
DAS WUSSTE ICH NICHT!
SIE KANN AUCH KEIN GELD VERDIENEN!
ABER IRGENDJEMAND MUSS DOCH GELD VERDIENEN!
UND WISSEN SIE, WER DAS GELD VERDIENT?
ANTON VERDIENT DAS GELD!
DAS WISSEN SIE NICHT, NATÜRLICH! WAS WISSEN SIE ÜBERHAUPT?
HAHAHA
W-WIE VERDIENT ER DENN DAS GELD?
DAS VERRATE ICH NICHT!
ICH KANN IHNEN NUR SO VIEL SAGEN, DASS SICH DER ARME JUNGE TAG UND NACHT ABRACKERT!
ES WUNDERT MICH, DASS ER NICHT WÄHREND DES GANZEN UNTERRICHTS SCHLÄFT!

Du kannst auch selbst einen Comic zeichnen. Sieh nach auf Seite 160.

Isabel Kreitz hat aus dem Kinderbuch einen Comic gemacht.

Text: Erich Kästner
Bilder: Isabel Kreitz

Herbstwind

Der Tod auf dem Apfelbaum

Der Fuchs blinzelt ins Morgenlicht. Er gähnt und leckt sich die letzten Traumfetzen aus dem Fell. Er schnüffelt. Apfelgeruch. Er spitzt die Ohren. Amselgezwitscher? Fauchend rennt er aus seinem Bau.

„**Halt!** Schnäbel weg von meinen Äpfeln!"

Der Fuchs und die Füchsin sind alt. Kaum ein Tier fürchtet sich mehr vor ihnen. Jahr für Jahr fressen die Vögel alle Äpfel, schon bevor sie herunterfallen.

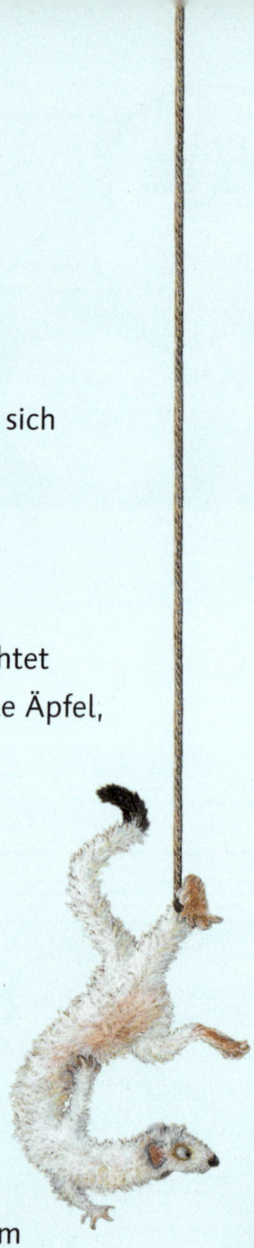

Aber schlau sind die Füchse noch immer. Dem alten Fuchs geht endlich wieder einmal ein Tier in die Falle: Ein kleines, mageres Wiesel mit zerzaustem Fell.

„Bitte friss mich nicht! Ich bin ein Zauberwiesel. Sag mir, was du dir wünschst. Meine Zaubersprüche halten auf immer und ewig."

„Auf immer und ewig?" Der Fuchs denkt nach.

„Ich wünsche mir, dass jeder, der auf meinen Apfelbaum fliegt oder klettert, daran festklebt – auf immer und …", der Fuchs zögert und denkt scharf nach, „… mit Ausnahme der Bienen im Frühling!"

Das Wiesel nickt: „Binde mich los, damit ich zaubern kann." Es schließt die Augen und fuchtelt mit den Armen.

„Vollbracht! Auf immer und ewig. Und nur du kannst den Zauber lösen, wenn du das wünschst."

Die Sache mit dem verzauberten Apfelbaum spricht sich herum.
Kein Tier wagt es mehr, sich dem Baum zu nähern. Der Fuchs ist glücklich. Die Äpfel fallen ihm unzerpickt und ohne Würmer in den Schoß.

Der Fuchs wird älter und älter.
Eines Tages steht sein Tod unter dem Apfelbaum.
Der Fuchs erschrickt. „Nein, noch nicht! Lass mich noch ein wenig weiterleben!"
Doch der Tod schüttelt bedauernd den Kopf.
Plötzlich lächelt der Fuchs verschmitzt.
„Bitte, ich möchte noch einen letzten Apfel essen. Holst du mir diesen schönen, roten vom Baum?"
Der Tod seufzt und steigt auf den Baum.
Er pflückt dem Fuchs einen Apfel.
Aber als der Tod wieder hinunterklettern will, klebt er am Baum fest.

Der Fuchs jubelt. „Überlistet! Ich hab gewonnen! Jetzt lebe ich auf immer und ewig!", trällert der Fuchs vergnügt.

Der Tod lächelt und wartet.

Text und Bilder: Kathrin Schärer

Warum lächelt der Tod?

Schnupper-Seite: Herbstwind

Herbstgedicht

Ich schreibe dir ein Herbstgedicht
von überreifen Birnen.
Um Äpfel, Pflaumen geht es nicht:
Dies ist ein reines Birngedicht,
so tief im Laub und gelb im Licht,
so schwer, dass hier die Zeile bricht.

Jürg Schubiger

Rund um den Apfel

Etwa sieben Jahre muss ein Apfelbaum aus einem Samen wachsen, bis er zum ersten Mal Früchte trägt. Dafür kann er bis zu 100 Jahre alt werden. Der größte Apfel der Welt wurde laut Guinnessbuch der Rekorde 2005 in Japan von Chisato Iwasaki geerntet: Das Prachtstück wog 1,849 Kilogramm. Etwa 30 000 Apfelsorten gibt es weltweit, davon 2000 in Deutschland.

Welche Wörter fallen aus der Maschine?

S. 184 Textwerkstatt

Lösung S. 206

Wer hat den Schwalben

Wer hat den Schwalben
Mut gemacht
fortzufliegen?
War es der Sturm
der vergangenen Nacht
oder hat ihnen
die Sonne vom Himmel
zugelacht?

Wer hat ihnen
einen zweiten
Sommer versprochen?
War es ein Traum?
Oder nur ein Blatt
vom Lindenbaum,
das vom Winde bewegt
lautlos zu Boden schwebt?

Max Bolliger

Das letzte Blatt

Blätter wie Herzen
hatte einmal
die Linde,
hunderttausend und noch ein paar.
Jetzt steht sie kahl.
Eins hat sie noch.
Ein gelbes Blatt,
dort zappelt es noch.
Es wedelt, es wuselt, es flattert geschwind,
es tanzt mit dem wilden Novemberwind.

Josef Guggenmos

Textwerkstatt S. 182

Herr von Ribbeck auf Ribbeck im Havelland

Herr von Ribbeck auf Ribbeck im Havelland,
Ein Birnbaum in seinem Garten stand,
Und kam die goldene Herbsteszeit
Und die Birnen leuchteten weit und breit,
Da stopfte, wenn's Mittag vom Turme scholl,
Der von Ribbeck sich beide Taschen voll,
Und kam in Pantinen ein Junge daher,
So rief er: „Junge, wiste 'ne Beer?"
Und kam ein Mädel, so rief er: „Lütt Dirn,
Kumm man röver, ick hebb 'ne Birn."

So ging es viele Jahre, bis lobesam
Der von Ribbeck auf Ribbeck zu sterben kam.
Er fühlte sein Ende. 's war Herbsteszeit,
Wieder lachten die Birnen weit und breit,
Da sagte von Ribbeck: „Ich scheide nun ab.
Legt mir eine Birne mit ins Grab."
Und drei Tage drauf, aus dem Doppeldachhaus,
Trugen von Ribbeck sie hinaus,
Alle Bauern und Büdner, mit Feiergesicht,
Sangen „Jesus meine Zuversicht",
Und die Kinder klagten, das Herze schwer,
„He is dod nu. Wer giwt uns nu 'ne Beer?"

So klagten die Kinder. Das war nicht recht,
Ach, sie kannten den alten Ribbeck schlecht,
Der *neue* freilich, der knausert und spart,
Hält Park und Birnbaum strenge verwahrt,
Aber der *alte*, vorahnend schon
Und voll Misstraun gegen den eigenen Sohn,
Der wusste genau, was damals er tat,
Als um eine Birn ins Grab er bat,
Und im dritten Jahr, aus dem stillen Haus,
Ein Birnbaumsprössling sprosst heraus.

Und die Jahre gehen wohl auf und ab,
Längst wölbt sich ein Birnbaum über dem Grab,
Und in der goldenen Herbsteszeit
Leuchtet's wieder weit und breit.
Und kommt ein Jung übern Kirchhof her,
So flüstert's im Baume: „Wiste 'ne Beer?"
Und kommt ein Mädel, so flüstert's: „Lütt Dirn,
Kumm man röwer, ick gew di 'ne Birn."

So spendet Segen noch immer die Hand
Des von Ribbeck auf Ribbeck im Havelland.

Theodor Fontane

Der große Vogelzug der Kraniche

Seit einiger Zeit werden die Tage im hohen Norden von Europa kürzer. Über dem schwedischen Torfmoor braucht der Morgennebel immer länger, um sich aufzulösen, und die Luft wird kühler. Schon kündigen die ersten Graupelschauer den Beginn des Herbstes an.

Unter den Kranichfamilien ist eine gewisse Unruhe ausgebrochen. Ihre Jungvögel sind ausgewachsen und die Eltern haben ihre langen Flügelfedern durch die Mauser erneuert. Jetzt sind die Kraniche bereit für die große Reise von mehreren Monaten, die sie Tausende von Kilometern von ihrer Brutheimat in Schweden zu ihren Winterquartieren im wärmeren Süden Spaniens und Afrikas führt. Schreie wie Trompetenstöße hallen über die Sumpflandschaft, wo sich die Kraniche zum Abflug seit Tagen gesammelt haben.

Bei ihrem Flug bewegen sie sich wunderbar stromlinienförmig vorwärts, um der Luft möglichst wenig Widerstand zu bieten und so Energie zu sparen. Diesem Zweck dienen auch die keilförmigen Flugformationen, die manchmal mehrere Hundert Vögel vereinen. Ab Oktober oder November überfliegen Zehntausende von Kranichen Deutschland in Richtung Frankreich. Nach mehreren Flugstunden suchen sie ihre bevorzugten Rastplätze auf. Sie geben dabei ihre strenge Flugformation auf und kreisen über dem Rastgebiet, bevor sie geschickt zu Boden gleiten. Wenn sie genug Energie aufgetankt haben, geht die Reise weiter. Bei ihren Tag- und Nachtflügen orientieren sie sich am Stand der Sonne, an den Sternen, an Seen und anderen Merkmalen der Landschaft. Eine Hürde vor allem für die Jungvögel ist die Überquerung der Pyrenäen, die oft in Wolken gehüllt sind.

Haben die Kraniche ihr Winterquartier erreicht, dann können sie sich mehrere Monate lang auf dem Weideland unter schattigen Eichen und Olivenbäumen ernähren. Heruntergefallene Eicheln und Oliven, aber auch Insekten, Schnecken, Würmer und Larven gehören zu ihren Mahlzeiten. Dann, zwischen Februar und April, versammeln sie sich zur Heimreise in Richtung Nordost, wie sie es schon seit Jahrtausenden tun. Unter ihren Flügeln gleiten die Landschaften dahin, bis sie schließlich die großen schwedischen Torfmoore erreicht haben, wo eben die letzten Schneereste schmelzen und der Frühling beginnt.

Guilhem Lesaffre

Herbst bei den Astronomen

Im Herbst werden die Tage kürzer und die Nächte länger.
Für die Astronomen, das sind die Sternenforscher,
ist an dem Tag Herbstanfang, an dem die Nacht
genauso lang ist wie der Tag: nämlich zwölf Stunden.
Das ist jedes Jahr am 22. oder 23. September so – und zwar
auf der ganzen Welt. Dieser Tag heißt Tagundnachtgleiche.
Er ist der Beginn des Herbstes.

Bärbel Oftring

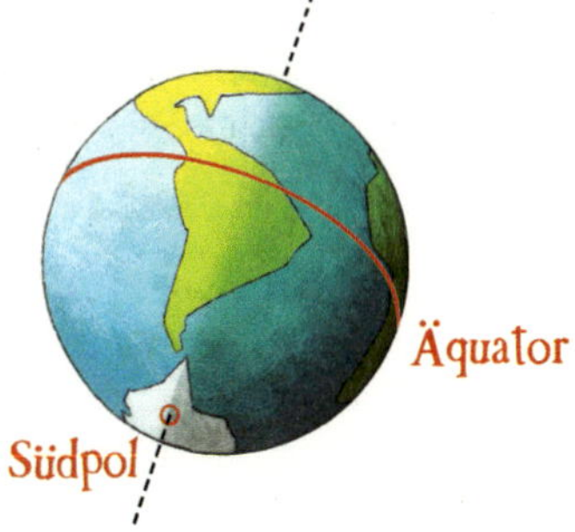

Es wächst und grünt

Der wunderbare Baum

Vor langer Zeit schlossen sich die großen und die kleinen Tiere zusammen und lebten alle miteinander.
Als eines Tages der Regen ausblieb, vertrocknete der Boden und der Hunger zog ins Land. Die Tiere hatten nicht mehr genug zu essen.
Zum Glück fanden sie einen großen Baum, der trotz der Dürre wunderbare Früchte trug. Sie schienen reif und dufteten herrlich, aber sie fielen einfach nicht herunter. Alle rüttelten und schüttelten, doch der Baum gab seine Früchte nicht her.
Die versammelten Tiere wurden immer hungriger.
„Wie kommen wir nur an diese Früchte heran?", rätselten sie.
„Ich habe eine Idee", meinte schließlich die Häsin.
„Warum fragen wir nicht die weise Schildkröte? Sie hat vielleicht einen Rat."
„Wunderbar! Tolle Idee! Das machen wir!", stimmten die anderen zu.
Die Häsin bot an, sich gleich auf den Weg zur Schildkröte zu machen.

S. 172 Textwerkstatt

Damit waren die größeren Tiere nun aber ganz und gar nicht einverstanden: „Du bist zu klein. Du könntest dir den Rat der weisen Schildkröte ja doch nicht merken. Überlass das mal uns Großen.“ Der Elefant und der Büffel wurden dazu bestimmt, die Schildkröte aufzusuchen.

Als die zwei bei der Schildkröte ankamen, grüßten sie höflich und fragten: „Schildkröte, wir alle sind sehr hungrig. Da ist dieser Baum mit wunderbaren Früchten, aber sie fallen einfach nicht herunter. Weißt du vielleicht, wie wir sie ernten können?“

„Ach, den Baum kenne ich“, antwortete die Schildkröte. „Der gibt seine Früchte nur her, wenn man ihn bei seinem Namen ruft. Ich sehe, ihr seid hungrig. Also, hör gut zu, Elefant, du bist groß und alt genug, du kannst dir das merken: Ntungulu Mengenye. So heißt der Baum.“

So eilten die zwei großen Tiere nach Hause.

Aber ach! Auf dem Weg stolperte der alte Elefant und stürzte. Ächzend kam er wieder auf die Beine. Das war geschafft. Aber …

„Sag, Büffel, erinnerst du dich an den Namen des Baumes?“

„Ich? Wieso ich?“, meinte der Büffel.

Erzählung aus Tansania
Text und Bilder: John Kilaka

Schnupper-Seite: Es wächst und grünt

Das Geheimnis der Bäume

Der Nagphani-Baum sieht aus,
als könnte er beißen.
Auf seinen Ästen
sitzen Dornen wie Zähne
und seine Blätter
gleichen der Haube
einer Schlange.

Text: Durga Bai, nacherzählt von Gita Wolf und Sirish Rao
Bild: Durga Bai

Der Kopf einer Schlange heißt „Haube".

Eichen-Prozessionsspinner

Aussehen:

- grauer oder brauner Falter
- haarig
- Flügellänge 25 bis 35 Millimeter

Verhalten:

- Seine Raupen befallen Eichen (und Hainbuchen).
- Gruppen von 20 bis 30 Raupen fressen die Baumblätter.

Zeitungsmeldung

Junge grün – Ärzte vor Rätsel
Scherzkeks oder Unglücksrabe?

Aus Berlin-Zehlendorf wird ein rätselhaftes Ereignis gemeldet: Der zwölfjährige Florian Erdmann ist grün. Hautärzte, Heilpraktiker und auch die Spezialisten vom Tropen-Institut wissen keinen Rat.

Was sitzt auf einem Baum und winkt?

Ein Huhu!

Der Baum und der Mensch

Als Shankar Bhagan, der mächtige Schöpfergott, den ersten Menschen schuf, gab es auf der Erde keine Bäume und keine Blätter. Der Mensch fragte: „Herr, was soll ich essen? Wie soll ich leben?" Da zupfte sich der Gott drei Haare aus und formte aus ihnen drei prächtige Bäume.

Durga Bai, nacherzählt von Gita Wolf und Sirish Rao

In der Zeit,
in der du diesen Text
gelesen hast,
wird ein Stück Regenwald,
mindestens so groß
wie ein Fußballfeld,
zerstört.

Welche Wörter schleudert die Maschine?

Lösung S. 206

Eine Million Bäume Interview mit Felix Finkbeiner

Felix, kannst du uns erzählen, wie die Idee zu Plant-for-the-Planet entstanden ist?

Am ersten Schultag sagte meine Vierte-Klasse-Lehrerin, dass wir jetzt für zwei Wochen das Sonderthema *Klimakrise* behandeln. Bei meiner Recherche für ein Referat stieß ich auf Wangari Maathai. Sie hat zusammen mit vielen anderen Frauen in Afrika in 30 Jahren 30 Millionen Bäume gepflanzt. Am Ende dieses Vortrags sagte ich: „Lasst uns in jedem Land der Erde eine Million Bäume pflanzen!"

Wie war das, als Kind eine eigene Organisation zu gründen?

Zwei Abiturienten im Nachbarort erfuhren von der Idee. Sie erstellten mit mir eine Website und luden die Medien zur Pflanzung des ersten Baumes an meiner Schule ein. Ein Radiosender und eine Zeitung berichteten. Schnell schlossen sich Kinder und Jugendliche aus anderen Städten an. Nach einem Jahr hatten wir 50.000 Bäume gepflanzt. Das erzählten wir auf einer Pressekonferenz und diesmal berichteten 500 Medien. Zwei Monate später teilte ich meine Vision auf einer UN-Kinderkonferenz mit 700 Kindern aus 105 Ländern. Damit ging die Idee um die Welt. Alleine habe ich nur ein paar Hundert Bäume gepflanzt, aber zusammen haben wir in sechs Jahren 12,6 Milliarden neue Bäume geschafft. Wir Kinder müssen unsere Zukunft in unsere eigenen Hände nehmen.

Wangari Maathai erhielt 2004 als erste Afrikanerin den Friedensnobelpreis. Die Kenianerin wird auch Mama Miti, Mutter der Bäume, genannt. Sie lehrte die Frauen, ihr Land wieder aufzuforsten. 30 Millionen Bäume wurden durch sie neu gepflanzt.

Und sie klettern doch!

Die Hälfte aller Kinder ist noch nie auf einen Baum geklettert. Es gibt aber noch immer genug, die es lieben. Ella, Nicolas und Cosima erzählen, warum.

Ella, 8 Jahre: Ich klettere gerne auf unsern Kletterbaum im Garten, weil der so viele Äste hat und man sich da gut festhalten kann. Aber als ich noch kleiner war, bin ich öfter da draufgeklettert. Auf einem Baumhaus war ich auch schon mal, aber ich finde meinen Kletterbaum besser, weil der kein Dach hat. Da ist man mehr draußen.

Nicolas, 10 Jahre: Ich klettere gerne, aber einen Lieblingsbaum habe ich nicht. Außerdem klettere ich eigentlich nur im Frühling. Ein perfekter Kletterbaum muss hoch sein, groß und viele Äste haben. Manchmal klettere ich richtig hoch, aber Angst habe ich nicht. Von einem Baum gefallen bin ich noch nie, aber schon mit Absicht runtergesprungen. Vor Würmern oder so ekele ich mich auch nicht. Außerdem klettere ich ganz oft auf die Bäume von meinem Opa, und die sind sauber. Und ich trage beim Klettern meistens Handschuhe, ein langes T-Shirt und eine lange Hose, damit ich mir nicht wehtue.

Cosima, 14 Jahre: Mein Lieblingsbaum, eine uralte Platane, stand bei uns im Schlossgarten in Stuttgart. Er war perfekt zum Klettern und Parkbesucherbeobachten. Auf meinem Lieblingsast beobachtete ich, wie um ihn herum eine Zeltstadt der Parkschützer aufgebaut und zerstört wurde und der Wasserwerfer anrückte. Eines Tages war mein Baum weg und mit ihm verschwanden auch die anderen alten Bäume im Park. Was blieb, war eine endlose Baustelle.

Und du?

In der Erde tobt das Leben

Eine unglaubliche Anzahl von Lebewesen sorgt dafür, dass der Wald möglichst gut wachsen kann. Dies beginnt am Boden: Kleinstlebewesen wandeln herabgefallene Blätter, Nadeln und Äste in fruchtbaren Humus um. Die darin enthaltenen Nährstoffe kommen wieder dem Wald zugute.

Eine ganz wichtige Rolle im Waldboden spielen Pilze. Fast jeder Baum hat mindestens einen – wenn er Glück hat. Die Wurzeln vieler Baumarten gehen mit Pilzen eine Symbiose ein, das heißt, beide Seiten haben Vorteile davon. Der Pilz umwächst die feinen Wurzelenden des Baumes mit seinem Geflecht und durchdringt die Wurzelrinde. Dadurch unterstützt er den Baum bei der Aufnahme von Wasser und Nährstoffen und wehrt für den Baum schädliche Krankheitserreger ab. Als Gegenleistung erhält der Pilz „Futter", zum Beispiel Zucker.

Ein Liter Boden enthält circa:
2 Regenwürmer, 7 Tausendfüßler, 14 Insektenarten, 150 Milben, 200 Springschwänze, 50.000 Fadenwürmer.
Hinzu kommen Abermillionen von Bakterien, Algen, Einzellern und Pilzen. In einer Hand Waldboden können mehr Lebewesen sein als Menschen auf der ganzen Erde.

Annette Hackbarth

Baumschädlinge

Das kann ich schon: eine Tabelle auswerten

	Fichtenrüsselkäfer (Großer Brauner Rüsselkäfer)	Buchdrucker (Borkenkäferart)	Rosskastanien-Miniermotte
Wie sieht der Schädling aus?	• schwarz-braun, gelb gefleckt • „Rüssel“ mit Mundwerkzeugen zum Fressen • Körperlänge: 8 bis 14 Millimeter	• dunkelbraun • behaart • walzenförmiger Körper • Größe: 5 Millimeter	• kleiner Falter • hellbraun-weiß gestreift • Flügellänge: 3 Millimeter
Welche Bäume befällt er?	Fichte, Lärche, Douglasie, Kiefer	Fichte	Rosskastanie
Was tut er?	• Ausgewachsene Käfer fressen die Rinde von jungen Nadelbäumen.	• Weibchen legen die Eier in der Bastschicht unter der Rinde ab. • Larven schlüpfen und fressen Gänge in die Bastschicht.	• Weibchen legen Eier auf die Oberseite der Blätter. • Larven schlüpfen und fressen kreisförmige Gänge in die Blätter.
Welche Folgen hat das?	Bei starker Schädigung stirbt der Baum ab.	Die Leitbündel für den Wasser- und Nährstofftransport werden beschädigt. Der Baum stirbt ab.	Die Blätter werden braun und fallen schon im Sommer ab. Der Baum wird geschwächt.
		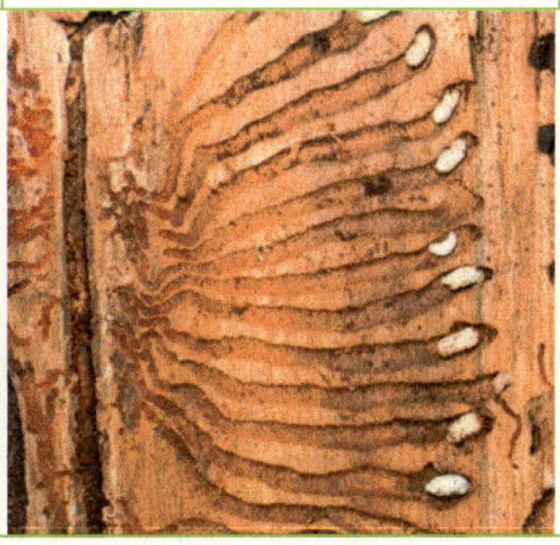	

Findet heraus, welche Baumschädlinge es noch gibt.
Gestaltet eine Tabelle.
Präsentiert die Ergebnisse in der Klasse.

Textwerkstatt S. 167

Wie ein Baum

Draußen spielte Leon mit Vincent und Viktor Basketball. Die Zwillinge waren so groß und breitschultrig, dass selbst Leon, der nicht gerade zierlich war, schmächtig neben ihnen wirkte.

Florian setzte sich abseits ins Gras.

Er konnte sich mit Bäumen unterhalten. Auch mit Zimmerpflanzen. Wahrscheinlich mit allen höheren Pflanzen. Und seine Ernährung näherte er den Pflanzen an.

Florian hatte vorhin kräftig vom Komposthaufen genascht. Von ganz unten, wo alles schon in krümelige, dunkle, feuchte Erde verwandelt war. Ein herrlicher Geruch und alles voller Regenwürmer.

„He, Kleiner!", rief Leon zu ihm herüber. „Willst du 'n bisschen mitspielen?"

Leon nannte ihn nur so, wenn andere dabei waren, denen er imponieren wollte. Damit auch ja jeder wusste, dass er der Ältere und Größere der Brüder Erdmann war. Florian ärgerte sich besonders darüber, wenn Victor und Vincent es hörten.

„Also was ist, Erdmännchen?", rief Victor.

Sie fragten ihn, ob er mitspielen würde, aber natürlich erwarteten sie, dass er Nein sagte oder dass er, wenn er mitmachte, keinen Ball fangen würde. Denen würde er's zeigen.

Er merkte, dass er in Form war wie noch nie.

Stark wie ein Baum.

„Okay, ich spiel mit“, sagte er und erhob sich. Zur Begrüßung schleuderte Victor ihm einen knallharten Pass entgegen.

Florian nahm ganz locker die Arme vor die Brust und öffnete die Hände. Sicher fing er den Ball und warf ihn sofort beidhändig zurück, fast ohne Ausholbewegung. Sein Rückpass bog Victor die Hände weg.

„Aua!“, rief er überrascht.

„Kannst du nicht fangen?“, fragte Florian.

Victor hielt sich die schmerzende Hand.

„Na warte!“, knurrte er dann. „Komm her, wir spielen zwei gegen zwei. Auf einen Korb.“

„Du mit dem Kleinen gegen uns beide“, sagte Vincent.

„Muss das sein?“, fragte Leon.

„Muss“, nickten die Zwillinge.

Sofort passte Victor zu Vincent, der schon unter dem Korb in Position gelaufen war. Vincent setzte zu einem lässigen Korbleger an.

Aber Florian machte einen festen Schritt auf ihn zu, sprang hoch, hob die Arme und blockte den Wurf ab. Ganz sauber. Einfach so.

„He, gut, Kleiner!“, staunte Leon.

Nun war Florian im Ballbesitz. Er dribbelte zurück, vom Korb weg.

„He, falsche Richtung!“, rief Leon.

Aber schon drehte Florian sich um und schoss aus zehn Metern Entfernung einen Dreipunktwurf ab. Der Ball flog wie eine Kanonenkugel, krachte, von einem splitternden Geräusch begleitet, gegen die Rückwand des Korbes und von da in den Ring.

Als er durch das Korbnetz sauste, machte es trocken: Wusch.

Victor und Vincent standen einen kurzen Moment wie vom Schlag getroffen, dann sagte Victor ungläubig:

„Er hat die Korbwand gespalten!“

„Und den Ring verbogen“, sagte Vincent. „Guck dir das an!“

„Tut mir leid“, sagte Florian. „Aber stabil ist das Ganze wohl nicht gerade.“ „Leute, kann passieren.“ Leon versuchte die Situation zu retten.

„Halt du dich raus“, sagte Vincent. Drohend bewegten die Zwillinge sich auf Florian zu. Der war ganz ruhig. Er war sicher, dass er es mit den beiden aufnehmen konnte. Jetzt kam auch noch die Sonne zwischen den Wolken hervor. Er fühlte, wie ihre warmen Strahlen ihm zusätzliche Kräfte verliehen, und streckte sich.

Vincent und Victor blieben stehen.

„Guck dir das an“, sagte Victor langsam und zeigte auf Florian.

„Unglaublich“, murmelte sein Bruder.

„Ist was?“, fragte Florian.

„Deine Haare“, sagte Leon.

„Was ist damit?“

„Sie haben sich aufgestellt!“, rief Leon. „Wie bei einem Irokesen!“

„Und sie schimmern“, sagte Victor.

„Grünlich“, sagte Vincent mit leicht zitternder Stimme.

„Ey, am Ende verwandelt der Typ sich in ein Alien.“

„Buh!“, machte Florian und die Zwillinge zuckten zusammen.

„Ich glaub, ich geh dann mal nach Hause“, sagte er. „Ehe hier noch jemand einen Herzinfarkt kriegt.“

Das Grundstück der Erdmanns war nur ein paar Straßen entfernt. Florian kletterte sofort in die dunkle Villa.

„Warum nicht“, dachte er. „Warum nicht stark und grün werden wie ein Baum? Standfest. Schutz für Vögel und allerlei anderes Getier. Baugrund für Baumhäuser. Langlebig, groß und wetterfest.
Und die Ruhe selbst.“

Martin Klein

Der Wald gehört Pulang Gana

In den alten Zeiten bedeckte der Wald das ganze Land, es gab keinen Anfang und kein Ende. Der Wald war überall. Zu dieser Zeit lebten sieben Brüder. Sie wollten ein kleines Stück Wald abholzen, um dort Früchte anzubauen. Sie nahmen ihre Äxte und schufen eine kleine Lichtung. Sie arbeiteten den ganzen Tag und schliefen am Abend erschöpft ein.

Am nächsten Morgen trauten sie ihren Augen nicht, die Lichtung war verschwunden! Vor ihnen wuchs ein undurchdringlicher Dschungel, grüner und dichter als tags zuvor. Wieder machten sie sich an die Arbeit, bis sie bei einbrechender Dunkelheit erschöpft einschliefen.

Doch am Morgen erwartete sie das gleiche Bild. Die Lichtung war verschwunden. Die Brüder waren verwirrt. Aber sie wollten nicht aufgeben und machten sich wieder an die Arbeit. In dieser Nacht blieben sie wach und setzten sich an den Rand ihrer Lichtung. Schon bald sahen sie einen Geist. Er ging von Baum zu Baum, berührte jede Liane, jeden Farn und erweckte alle zu neuem Leben. Vor den Augen der Brüder verwandelte sich die Lichtung wieder in einen dichten Dschungel. Wütend sprangen sie auf, um gegen den Geist zu kämpfen. Doch der sprach: „Bleibt stehen, ich bin Pulang Gana. Hört mich an! Dieser Wald mit allem, was in ihm wächst, gehört mir. Alles, was sich hinter dem Wald befindet bis zum fernsten Horizont, die ganze Erde gehört mir. Kein lebendes Wesen darf ohne meine Erlaubnis auch nur einen kleinen Teil dieser Welt für sich nutzen. Wer etwas benötigt, muss mir ein Geschenk bringen. Gefällt es mir, werde ich ihm etwas Land leihen."

Legende aus Borneo

Arbeitsheft Fördern, S. 18/19

Spy Eye verschwindet

Spy Eye, die Wundermaschine

Dem britischen Erfinder Dr. Fletchstone ist mit seinem Spy Eye ein großer Wurf gelungen. Spy Eye ist eine Art Sensor, der durch Wände hindurchsehen kann und anzeigt, was sich dahinter befindet. Soeben ist Dr. Fletchstone am Flughafen von New York angekommen, um das einzigartige Gerät der New Yorker Polizei zu übergeben. Es soll bei der Jagd auf Verbrecher wertvolle Dienste leisten.

Kalle und Gitta wollen noch etwas länger in New York bleiben und müssen darum ihre Flugtickets verlängern lassen. Am Eingang der Flughafenhalle werden sie fast von drei Männern und einer Frau umgerannt, die sich mit einem Koffer durch die Menge zwängen. „Die haben es aber eilig“, meckert Gitta und schaut ihnen nach. Im Gebäude stürmt ein weiterer Herr an ihnen vorbei. „Help! My suitcase, I can't find my suitcase“, schreit er.

„Den kenne ich doch“, grübelt Gitta, „das ist Dr. Fletchstone, der berühmte britische Erfinder! Er scheint seinen Koffer nicht finden zu können. Ob die eiligen Typen von vorhin etwas damit zu tun haben?“ „Excuse me“, beginnt Kalle. „Maybe we can help!“ Die beiden erzählen Dr. Fletchstone, so gut sie können, von ihrer Beobachtung am Eingang. Bei der Beschreibung des Koffers beginnen die Augen des Erfinders zu leuchten. „That's my suitcase“, stammelt er.

S. 167 Textwerkstatt

So erfahren Kalle und Gitta von Fletchstones Erfindung. „Die Halunken müssen von dem genialen Gerät Wind bekommen haben", sagt Kalle. „Nur gut, dass wir aufgepasst haben und uns ihre Gesichter eingeprägt haben!"

Wenig später können sie bei police chief Benson ihr Gedächtnis unter Beweis stellen und die vier Gauner in der Verbrecherkartei ausfindig machen. Wie heißen die drei Männer und die Frau?

Text und Bilder: Jürg Obrist

Das kann ich schon: Informationen finden, Fremdsprachen verstehen

Lösung S. 206

Schnupper-Seite: Detektivgeschichten

Spurensicherung

Fingerabdrücke am Tatort sichern? Diese Polizeiarbeit kennt jedes Kind. Wenn die Fingerabdrücke vom Tatort zu einem Fingerabdruck in der Polizeikartei passen, dann ist der Täter schnell überführt. Das wissen leider auch viele Täter und tragen deswegen Handschuhe. Doch es gibt noch einen Trick, den Dieben auf die Spur zu kommen: In einigen Städten sammelt die Polizei auch Ohrabdrücke! Denn meistens lauschen die Einbrecher an der Tür, ob jemand zu Hause ist, bevor sie einbrechen. Genauso wie jeder Fingerabdruck einzigartig ist, sind auch die Ohren von jedem Menschen unterschiedlich.

Was wurde hier gestohlen?

Lösung S. 206

Geheime Nachrichten

In Detektivgeschichten werden oft geheime Nachrichten übermittelt. Der Text wird dabei nach bestimmten Regeln so verändert, dass ihn nicht jeder lesen kann. Man sagt, dass der Text codiert wird.
Das heißt, er wird verschlüsselt. Wer den Text lesen will, braucht den Code, also den „Schlüssel".
Hier findest du eine kleine Auswahl an Geheimcodes.
Kannst du die Lösung herausfinden?

Rückwärts-Code

Wörter oder Sätze werden rückwärts geschrieben:

.neheshcrudnih ednäW hcrud nnak eyE ypS enihcsamrednuW eiD

Spiegel-Code

Wörter oder Sätze werden in Spiegelschrift geschrieben:

Fingerabdruckpulver macht den Abdruck sichtbar.

Gruppen-Code

Buchstaben werden in Dreiergruppen aufgeteilt und dann in mehrere Zeilen untereinandergeschrieben:

D	B	H	N
E	D	W	P
R	E	A	F
C	R	R	O
L	S	Z	T
U	C	E	E

Tipp: Sieh nach auf Seite 40.

Morse-Code

– • •   • •   •   – • • •

Welches Wort hängt an der Maschine?

Lösung S. 206

Das Morse-Alphabet

Im Jahre 1838 hatte der Amerikaner Samuel Morse eine großartige Idee. Er erfand eine Zeichenschrift, mit der man Nachrichten versenden kann, ohne Buchstaben zu benutzen. Das Morse-Alphabet besteht nur aus Strichen und Punkten. Die Zeichen werden von einem Morsegerät in Töne umgewandelt oder mit Lichtsignalen, zum Beispiel mit einer Taschenlampe, übermittelt.
(Punkt = kurz blinken, Strich = lang blinken)

A	• –	I	• •	R	• – •
Ä	• – • –	J	• – – –	S	• • •
B	– • • •	K	– • –	T	–
C	– • – •	L	• – • •	U	• • –
CH	– – – –	M	– –	Ü	• • – –
D	– • •	N	– •	V	• • • –
E	•	O	– – –	W	• – –
F	• • – •	Ö	– – – •	X	– • • –
G	– – •	P	• – – •	Y	– • – –
H	• • • •	Q	– – • –	Z	– – • •

www.blinde-kuh.de
„morsen“

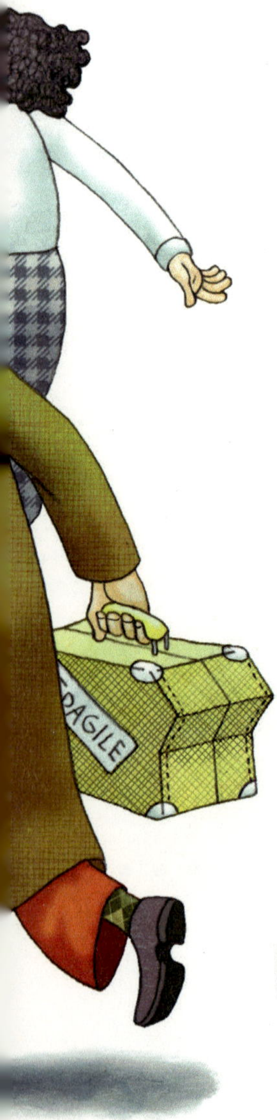

So heißen die vier Gauner, die Kalle und Gitta in der Kartei entdeckt haben:

• – – –   •   • – •   • – •   – • – –

• • •   –   • –   – •

• • •   • • –   •

– – – –   • • –   – • – •   – • –

Fingerabdruckpulver

Wenn du genau hinschaust, entdeckst du, dass jeder Mensch andere Fingerabdrücke hat. Am besten siehst du das mit einer Lupe. Finger sind immer ein bisschen fettig und hinterlassen feine „Stempelabdrücke" auf glatten Flächen. Fingerabdruckpulver haftet genau da, wo jemand hingefasst hat, und macht den Abdruck sichtbar. Manchmal können so verdächtige Personen überführt werden.

Zutaten:

- Bleistifte
- Schleifpapier
- kleine Dose mit Deckel
- weicher Pinsel
- durchsichtiges Klebeband
- Lupe

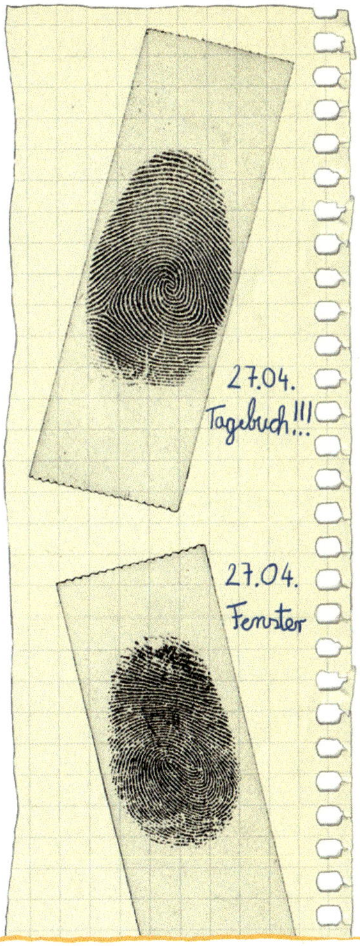

Zuerst das Pulver raspeln:

Mit den Bleistiften so lange über das Schleifpapier „malen", bis ein ansehnlicher Haufen Grafit-Staub entstanden ist. Den Staub vorsichtig in das Döschen abfüllen.

Dann Fingerabdrücke abnehmen:

1. Weichen Pinsel in den Grafit-Staub tauchen und leicht über ein verdächtiges Objekt tupfen.
2. Falls ein Fingerabdruck sichtbar wird, Klebestreifen draufdrücken, abziehen und in den Notizblock kleben. Fundort danebenschreiben.

Detektive brauchen natürlich eine Fingerabdruckkartei. Dafür von allen verdächtigen Personen mit einem Stempelkissen Fingerabdrücke nehmen. Dann kann man die Fingerabdrücke der Kartei mit den gefundenen Abdrücken vergleichen.

Antje von Stemm

Charlie ist unschlagbar

Der Club der Schwarzen Pfote, das sind die drei Freunde Merlin, Charlotte, Fips und Hugo, Merlins kleiner Hund, eine eiskalte Spürnase. Als ein Bankraub in der Hommelsdorfer Sparkasse verübt wird, tappt die Polizei im Dunkeln. Aber der Club der Schwarzen Pfote ist dem Täter auf der Spur und Hugo liefert das entscheidende Beweisstück …

„Also, passt auf“, sagte Charlotte. Dabei flüsterte sie so leise, dass die drei ihre Köpfe enger zusammenstecken mussten. „Das Stück Stoff, das Hugo uns gebracht hat, war ein Volltreffer!“ Sie machte eine Pause.

Fips hüpfte von einem Bein auf das andere.

„Jetzt mach’s nicht so spannend.“

„Ich hab den Stoff eingescannt und auf meinem Laptop 200-fach vergrößert. Im Internet habe ich eine Datenbank gefunden, in der fast alle Stoffe archiviert sind, die es gibt. Mit Beschreibung und Fotos. Ich habe die Bilder einfach mit dem Stück Stoff verglichen.“

„’ne Datenbank für Stoffe?“

Fips verzog das Gesicht.

„Das ist doch Mädchenkram.“

„Im Netz findet man zu fast allem ausführliche Datenbanken. Die werden von Usern auf der ganzen Welt akribisch angelegt“, antwortete Charlotte.

Fips verdrehte die Augen und machte ein verzweifeltes Gesicht.

„User? Akribisch? Kannst du denn mal so sprechen, dass man auch was versteht!“

„Computernutzer, höchst gewissenhaft“, übersetzte Charlotte und fuhr fort: „Unseren Stoff habe ich schnell gefunden. Erstens ist es ein sehr seltenes wasserfestes Material.

Das konnte ich an der Faserstruktur und an dem Webmuster erkennen. Und er ist aus einem hellblauen Spezialfaden gewebt.“

Merlin verstand nur Bahnhof.

„Und, wie finden wir jetzt raus, woher der Stoff kommt?“

„Schon passiert“, verkündete Charlotte stolz. „Es gibt nur ein einziges Kleidungsmodell in Deutschland, für das man den Stoff verwendet. Eine Anglerhose der Firma Seemannsgarn. Und im Umkreis von 200 Kilometern werden die nur hier in Hommelsdorf verkauft. Bei Fischers Fritze!“

Fischers Fritze war ein kleiner Laden mit Fischerei- und Anglerbedarf. Er gehörte Herrn Sörensen und befand sich in der Brückengasse Nummer vier, einem typischen, kleinen Altstadthäuschen. Weil Herr Sörensen genauso gemütlich war wie der Sport, den er ausübte, hatte sein Geschäft nur samstags geöffnet.

„Das heißt, dass die Täter höchstwahrscheinlich aus Hommelsdorf oder der näheren Umgebung kommen“, sagte Charlotte.

„Mann, Charlie, du bist echt unschlagbar!“, rief Fips.

Charlotte grinste. „Morgen ist Samstag. Vielleicht sollten wir uns mal bei Fischers Fritze umhören.“

Benedikt Weber

Gangsta-Oma

Ben muss jeden Freitag bei seiner Oma verbringen. Bens Oma ist zwar nett, aber soooo langweilig! Immer will sie bloß Scrabble spielen und isst den ganzen Tag nichts anderes als Kohlsuppe – igitt! Doch eines Tages findet Ben heraus, dass seine Oma ein Geheimnis hat.

Die Nacht brach herein. Gegen Ende November wurde es rasch kälter und dunkler und Ben schlotterte hinter seinem Busch, während er das Haus seiner Oma beobachtete. Wo kann sie denn bloß hinwollen?, überlegte er. Sie geht doch so gut wie niemals aus.

Ben sah, wie sich in Omas Haus ein Schatten bewegte. Dann erschien ihr Gesicht am Fenster und er duckte sich schnell. Das Gebüsch raschelte. Pst, dachte er. Ob seine Oma ihn wohl gesehen hatte?

Wenige Minuten später öffnete sich die Haustür langsam, und heraus trat eine vollkommen in Schwarz gekleidete Person. Sie trug einen schwarzen Pullover, schwarze Leggings, schwarze Handschuhe und Socken – wahrscheinlich sogar schwarze Unterwäsche. Eine schwarze Sturmmaske verbarg das Gesicht, aber an der gebeugten Haltung erkannte Ben, dass es seine Großmutter war.

Rittlings nahm sie auf ihrem Elektromobil Platz und ließ den Motor aufheulen.

Wo zum Teufel wollte sie hin?

Und vor allem: Wieso war sie gekleidet wie ein Ninja-Kämpfer?

S. 173 Textwerkstatt

Ben machte sich bereit zur Verfolgung seiner eigenen Oma.

Niemals in seinem ganzen Leben hätte er sich träumen lassen, so etwas einmal zu tun.

Wie eine im Bad umherhuschende Spinne, die nicht gesehen werden wollte, steuerte Oma ihr Elektromobil dicht an den Häuserwänden entlang. Ben folgte ihr zu Fuß, so lautlos wie möglich. Es war nicht sonderlich schwer, mit ihr Schritt zu halten, denn die Höchstgeschwindigkeit des Elektromobils betrug sechs Stundenkilometer.

Als sie surrend auf die Straße fuhr, wandte sie sich plötzlich um, als hätte sie irgendein Geräusch gehört, und Ben ging hinter einem Baum in Deckung.

Er wartete mit angehaltenem Atem.

Nichts.

Nach einer Weile lugte er hinter dem Baumstamm hervor und nahm die Verfolgung wieder auf.

Es dauerte nicht lange, bis sie die Hauptstraße erreicht hatten. Sie war so gut wie menschenleer. Weil es früher Abend war, hatten die Läden bereits geschlossen, und die Kneipen und Restaurants würden erst später öffnen.

Oma mied das Licht der Straßenlaternen und machte unterwegs hie und da einen Schlenker in die Hauseingänge.

Ben schnappte nach Luft, als er sah, wo sie schließlich parkte.

Vor dem Juwelierladen.

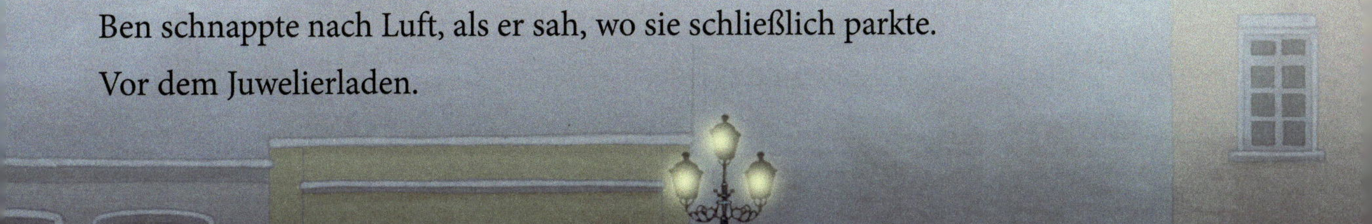

In der Auslage funkelten Halsketten, Ringe und Armbanduhren.

Ben traute seinen Augen nicht, als Oma eine Konservenbüchse mit Kohlsuppe aus dem Gepäckkorb ihres Elektromobils nahm.

Dann blickte sie sich übertrieben auffällig nach allen Seiten um und holte aus, um mit der Dose das Schaufenster einzuwerfen.

„Neeeeeeeiiiiiiiin!“, schrie Ben.

Seine Großmutter ließ die Dose fallen. Sie schlug auf dem Boden auf, und über den Bürgersteig schwappte Kohlsuppe.

„Ben?“, flüsterte Oma. „Was machst du denn hier?“

Ben starrte seine Oma an, die von Kopf bis Fuß in Schwarz gekleidet vor dem Juwelierladen stand.

„Ben!“, sagte sie streng. „Was fällt dir ein, mir nachzuspionieren?“

„Ich … Ich wollte bloß …“

Ben war so schockiert, dass er keinen vernünftigen Satz herausbrachte.

„Na ja“, sagte Oma, „was auch immer du hier zu suchen hast, es wird jedenfalls nicht allzu lange dauern, bis die Polizei dir auf den Fersen ist. Besser, wir hauen ab. Schnell, steig auf. Wir haben dreißig Sekunden Zeit, bis diese Überwachungskamera da anspringt!“ Sie deutete auf eine Kamera an der Fassade eines Wohnblocks direkt neben der Ladenzeile.
Ben sprang hinten aufs Elektromobil.
„Du weißt, wann die Überwachungskameras angehen?“
„Oh, du wärest überrascht, was ich so alles weiß“, sagte Oma.
Ben blickte während der Fahrt auf ihren Rücken. Er hatte gerade mit angesehen, wie seine Oma in ein Juweliergeschäft einbrechen wollte – was könnte wohl noch überraschender sein? Offenbar gab es eine ganze Menge, was er über seine Oma bislang nicht gewusst hatte.
„Halt dich fest“, sagte sie. „Ich geb Vollgas.“
Sie zerrte wie wild am Handhebel, ohne dass Ben irgendeinen Effekt verspürte. Gemeinsam surrten sie in die dunkle Nacht hinaus – durch das zusätzliche Gewicht nun nur noch mit fünf Stundenkilometern.

„Die schwarze Katze?“, wiederholte Ben, als sie schließlich in Omas Wohnzimmer saßen. Oma hatte Tee gekocht und ein paar Schokoladenkekse hingestellt.
„Ja, so wurde ich genannt“, nickte sie. „Ich war die meistgesuchte Juwelenräuberin der Welt.“
Millionen von Fragen schossen Ben durch den Kopf.
Warum? Wo? Wer? Was? Wann?
Unmöglich zu entscheiden, wonach er als Erstes fragen sollte.

David Walliams

Winterkälte

Winterspaß im Slapsefjell

Im Slapsefjell beginnt ein klirrender Wintertag. Der Himmel ist klarblau, und der seidenweiche Neuschnee glitzert in der Morgensonne. Im Bergdorf zeigt das Thermometer minus 4 °C.

Auf den Loipen herrscht bereits reger Betrieb. Mit Rucksäcken voller Apfelsinen und Schokoriegel schieben sich die abenteuerlustigen Frühaufsteher auf die sonnige Hochebene.

S. 173 Textwerkstatt
Test KV 5
Arbeitsheft Fördern, S. 24/25

Das Slapsefjell-Skicenter ist auch kein Altersheim. Hartgesottene Skikanonen schießen den Hang hinunter, dass der Schnee nur so spritzt, und übermütige Winterakrobaten fordern mit halsbrecherischen Sprüngen und Kunststücken das Schicksal heraus.

Nicht weit weg auf dem Dach einer Seilbahn hagelt es Schimpfwörter zwischen zwei Streithähnen. „Geh doch zurück auf den Idiotenhügel, du talentloser Schneemann!" „Halt bloß die Klappe, du saftlose Apfelsine!"

Oben auf dem Berg haben es sich drei junge Damen bei traumhafter Aussicht in der Sonne gemütlich gemacht, während ihre Kinder eine beeindruckende Schneefigur bauen.

Am sogenannten Snublekollen-Sprunghügel stellt Star-Springerin Resi Rosenkohl mit ihrem großartigen Sprung einen neuen Schanzenrekord auf.

Vor Lasse's Grillbar isst eine coole Schneescooter-Clique Speck mit Tunke und diskutiert die Sportereignisse des Tages.

In der Skihütte Elchgeweih gibt es zum Après-Ski heiße Bouillon und Fladenbrot mit Butter. Nach dem langen Pistentag sitzen die Angebergeschichten ziemlich locker.

Text und Bilder: Bjørn Rune Lie

Schnupper-Seite: Winterkälte

Schnee auf der Erde

Der Schnee oben
wird frieren
unter dem eisigen Mondlicht

Der Schnee in der Mitte
wird einsam sein
denn er sieht weder Himmel noch Erde

Der Schnee unten
wird schwer sein
vom Tragen so vieler Menschen

Misuzu Kaneko

Wer Steine und Eier verpackt,
soll die Steine nach unten legen.

Wilhelm Busch

Mexikanisches Sprichwort:
Panza llena, corazón contenta.
Bauch voll, Herz zufrieden.

Winterspaß

Pistenclown Otto Bruchstock
fährt abseits aller Schlangen
und ausgetretener Pfade.

Text und Bild: Bjørn Rune Lie

Ein Schneekristall lag
mir auf der Hand, ewig schön,
eine Sekunde.

Josef Guggenmos

Es tickt die Zeit. Das Jahr dreht sich im Kreise. Und werden kann nur, was schon immer war. Geduld, mein Herz. Im Kreise geht die Reise. Und dem Dezember folgt der Januar.

Erich Kästner

Spiel mit dem Feuer

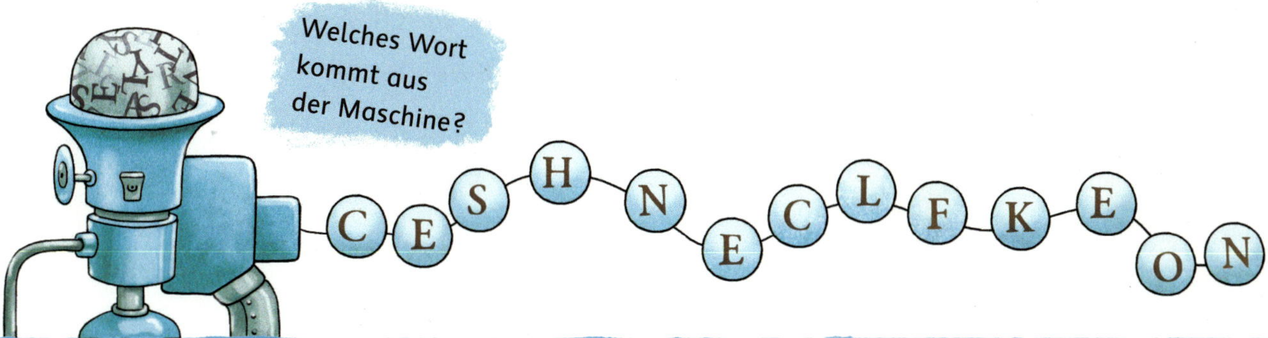

Die Kälte

Nasreddin betrat an einem Wintertag mit seinem Freund Mehmet eine Teestube.

Mehmet ging durch die Tür, Nasreddin folgte ihm und wollte sich zu seinem Freund an den Tisch setzen.

„Nasreddin! Du hast die Tür offen gelassen!", rief Mehmet.

„Na und?", fragte Nasreddin. „Ist das so schlimm, dass du gleich schreien musst?"

„Ja! Es ist kalt draußen!", rief Mehmet.

„Und wenn ich die Tür zumache, ist es dann weniger kalt draußen?", fragte Nasreddin.

Paul Maar

Winterrätsel

Ich falle vom Himmel
in wirrem Gewimmel.
Ich schimmre
und flimmre
und decke das Land
zahllos wie Sand.

Doch unversehens
im Sonnenschein
schleich ich
und weich ich
und schlüpf ins Dunkel
der Erde hinein.

Friedrich Wilhelm Güll

S. 166 S. 178 S. 180 Textwerkstatt

Steinsuppe

Rollen:
Erzähler/in, Wolf, Henne, Schwein, Pferd, Schaf, Ziege, Hund

Erzähler/in: Es ist Nacht. Es herrscht Winter. Ein alter Wolf nähert sich dem Dorf der Tiere. Im ersten Haus wohnt die Henne. Der Wolf klopft an die Tür.
Poch, poch, poch.

Henne: Wer da?

Wolf: Der Wolf.

Henne: *(erschrocken)* Der Wolf?

Wolf: Hab keine Angst, Henne. Ich bin alt und habe nur noch einen einzigen Zahn. Lass mich herein, damit ich mich an deinem Kamin aufwärmen und mir eine Steinsuppe kochen kann.

Erzähler/in: Die Henne zögert. Sie hat immer noch ein bisschen Angst, aber sie ist neugierig. Also öffnet sie die Tür. Der Wolf tritt ein.

Wolf: *(bittend)* Bring mir einen Kessel, Henne.

Henne: *(erschrocken)* Einen Kessel?

Wolf: Hör zu, Henne, um Steinsuppe zu machen, braucht man nun mal einen Kessel.

Henne: Das wusste ich nicht. Ich habe noch nie welche probiert.

Wolf: In einen Kessel gibt man einen großen Stein, tut Wasser hinein und wartet, bis es kocht.

Henne: Ist das alles?

Wolf: Ja, das ist alles.

Henne: Also, ich tue ja in meine Suppen immer ein bisschen Sellerie.

Wolf: Das kann man, das gibt einen gewissen Geschmack.

Erzähler/in: Der Wolf holt einen dicken Stein aus dem Sack. Das Schwein klopft an die Tür. *Poch, poch, poch.*

Schwein: Alles in Ordnung?

Henne: Komm rein, Schwein! Der Wolf und ich kochen gerade Steinsuppe.

Schwein: *(verwundert)* Steinsuppe? Nur mit Stein?

Henne: Natürlich. Aber man kann Sellerie hineintun, das gibt einen gewissen Geschmack.

Schwein: Kann man auch Zucchini dazutun?

Wolf: Ja, kann man.

Erzähler/in: Das Schwein läuft nach Hause und kommt mit Zucchini zurück. Auch die Ente und das Pferd kommen hinzu und klopfen an die Tür. *Poch, poch, poch.*

Henne: Kommt rein. Der Wolf, das Schwein und ich kochen gerade Steinsuppe.

Schwein: Mit ein bisschen Sellerie und Zucchini.

Ente: Ich habe in Ägypten einmal Steinsuppe gegessen – und zwar mit Lauch! Ich erinnere mich gut daran, weil ich Lauch in der Suppe am liebsten habe.

Henne: Geht das? Steinsuppe mit Lauch?

Wolf: Das geht.

Erzähler/in: Die Ente und das Pferd laufen nach Hause und kommen mit Lauch zurück. Das Schaf, die Ziege und der Hund folgen. Sie brauchen nicht zu klopfen. Die Tür steht sperrangelweit auf.

Hund: Gemüse für jeden Geschmack!

Erzähler/in: Der Wolf nickt. Alle setzten sich im Halbkreis um den Kamin. Sie erzählen Witze und unterhalten sich.

Henne:	Wie schön, wenn alle so zusammensitzen. Solche gemeinsamen Abendessen sollten wir öfter machen.
Schwein:	Zuerst dachte ich ja, es gäbe Hühnersuppe.
Ente:	Wolf, erzähl uns doch bitte ein paar dieser schrecklichen Wolfsgeschichten.
Pferd:	Ja, wir wollen hören, wie er darüber denkt.
Erzähler/in:	Das Wasser im Kessel kocht. Der Wolf taucht den Schöpflöffel hinein.
Wolf:	Ich glaube, die Suppe ist fertig.
Erzähler/in:	Der Wolf teilt allen Tieren Suppe aus. Das Abendessen zieht sich sehr lange hin, jeder nimmt noch dreimal nach. Schließlich zieht der Wolf ein spitzes Messer aus seinem Sack … und sticht in den Stein.
Wolf:	Ah, noch nicht ganz durch. Wenn ihr erlaubt, nehme ich ihn für mein Abendessen morgen wieder mit.
Henne:	Brechen Sie etwa schon auf?
Wolf:	Ja. Aber danke für diesen schönen Abend.
Ente:	Kommen Sie bald wieder?
Erzähler/in:	Der Wolf antwortet nicht. Er verlässt das Haus der Henne. Aber wahrscheinlich ist er nicht wiedergekommen.

Anaïs Vaugelade

Das kann ich schon: Informationen in Berichten finden

Weihnachtszeit in Mexiko

Neun Tage vor Heiligabend beginnen in Mexiko die vorweihnachtlichen Feiern, „Las Posadas". Sie stellen die Suche Marias und Josefs nach einer Herberge dar. Die letzte Posada wird deshalb am 24. Dezember gefeiert.

Ein als Engel verkleidetes Kind, gefolgt von zwei Kindern, die eine kleine Sänfte mit den Figuren von Maria und Josef tragen, führt den Zug an. Die Häuser, an denen sie vorbeiziehen, sind mit bunten Girlanden geschmückt. Gruppen von Mädchen und Jungen mit Kerzen oder Papierlaternen in den Händen folgen den Kindern, und auch Erwachsene schließen sich dem Zug an. Das Ende bilden einige Musikanten.

Die Prozession zieht zu einem vorher ausgesuchten Haus und bittet dort um Einlass für die Heilige Familie. Nach anfänglichem Zögern werden die erschöpften Reisenden willkommen geheißen und mit dem traditionellen „aguinaldo", einer Tasse Kaffee und einem Stück Brot, bewirtet.

Am Heiligen Abend versammelt sich die ganze Gemeinde um Mitternacht vor der Kirche, wo Freudenfeuer und Feuerwerkskörper abgebrannt werden. Nach der Messe beginnt vor der Krippe das Geburtstagsfest für das Jesuskind. Höhepunkt sind dabei die „Piñatas", bunte, aus Pappmaschee hergestellte Figuren, die mit Süßigkeiten gefüllt sind und an einer Schnur von der Decke herabgelassen werden. Werden sie von den Kindern mit einem Stock zerschlagen, regnet es Süßigkeiten auf sie herab.

Pit Budde und Josephine Kronfli

Ihre Geschenke erhalten die mexikanischen Kinder am 6. Januar, dem „Dia de los Santos Reyes", dem „Tag der Heiligen Drei Könige".

S. 168 S. 173 Textwerkstatt

Piñata basteln

Du brauchst:

1 Luftballon, Zeitungspapier, Tapetenkleister, Schere, Klebstoff, Krepppapier in verschiedenen Farben, Paketband, Nüsse, kleine Süßigkeiten

So geht es:

1. Den Luftballon aufpusten und verknoten.
2. Das Zeitungspapier in Schnipsel reißen und den Kleister anrühren.
3. Die Schnipsel in den Kleister tauchen und in fünf Schichten auf den Ballon kleben. Zwei Tage trocknen lassen.

4. Den Knoten des Ballons abschneiden. Den Luftballon durch die Öffnung herausziehen.
5. Das Krepppapier in Streifen schneiden. Fransen in die Streifen schneiden.
6. Die Streifen in bunten Reihen auf die Piñata kleben.

7. An der Öffnung der Piñata rechts und links ein Loch durchstechen und das Paketband durchziehen.
8. Die Piñata mit den Nüssen und Süßigkeiten füllen und aufhängen.

Das Mädchen mit den Schwefelhölzern

Es war fürchterlich kalt. Es schneite und begann dunkel zu werden. Es war der letzte Abend im Jahre, Neujahrsabend! In dieser Kälte ging nun ein armes Mädchen auf nackten Füßen, die ganz rot und blau vor Kälte waren. In einer alten Schürze hielt es eine Menge Schwefelhölzer und ein Bund trug es in der Hand. Niemand hatte dem Mädchen während des ganzen Tages etwas abgekauft, niemand hatte ihm auch nur einen Dreier geschenkt.

In einem Winkel zwischen zwei Häusern kauerte das Mädchen sich zusammen. Es wagte nicht, nach Hause zu gehen, denn es hatte ja keine Schwefelhölzer verkauft und nicht einen einzigen Dreier erhalten. Der Vater würde es schlagen, und kalt war es daheim auch.

Die kleinen Hände waren vor Kälte fast ganz erstarrt. Ach! Ein Schwefelhölzchen könnte gewiss guttun. Ritsch! Wie sprühte es, wie brannte es! Es gab ein kleines Licht, als das Mädchen die Hand darum hielt, ein wunderbares Licht! Es kam dem Mädchen vor, als sitze es vor einem großen Ofen. Das Feuer brannte ganz herrlich darin und wärmte schön! – Da erlosch die Flamme, und der Ofen verschwand.

Ein neues Hölzchen wurde angestrichen, es brannte, es leuchtete. Das Mädchen sah einen fein gedeckten Tisch, und herrlich dampfte eine gebratene Gans darauf! Da erlosch das Schwefelholz, und nur die dicke, kalte Mauer, vor der das Mädchen hockte, war zu sehen.

Das Mädchen zündete ein neues Hölzchen an. Da saß es unter dem schönsten Weihnachtsbaume. Viele tausend Lichter brannten auf den grünen Zweigen. Die Kleine streckte die Hände danach aus – da erlosch das Schwefelholz. Die vielen Weihnachtslichter stiegen höher und immer höher, nun sah das Mädchen, dass es die klaren Sterne am Himmel waren. Einer davon fiel herab und machte einen langen Feuerstreifen am Himmel.

„Nun stirbt jemand!“, sagte die Kleine, denn ihre alte Großmutter, die sie lieb gehabt hatte, die jetzt aber tot war, hatte gesagt: „Wenn ein Stern fällt, so steigt eine Seele zu Gott empor.“

Sie strich wieder ein Schwefelholz gegen die Mauer, es leuchtete ringsumher, und im Glanz stand die alte Großmutter da. „Großmutter!“, rief die Kleine. „Oh, nimm mich mit! Ich weiß, dass auch du gehst, wenn das Schwefelholz ausgeht, so wie der warme Ofen, der schöne Gänsebraten und der große, herrliche Weihnachtsbaum!“ Sie strich schnell den ganzen Rest der Schwefelhölzer an, denn sie wollte die Großmutter festhalten, und die Schwefelhölzer leuchteten mit solchem Glanz, dass es heller war als am lichten Tage. Die Großmutter war nie so schön, so groß gewesen; sie hob das kleine Mädchen auf ihren Arm, und in Glanz und Freude flogen sie in die Höhe, und da fühlte sie keine Kälte, keinen Hunger, keine Furcht – sie waren bei Gott!

Aber im Winkel am Hause saß in der kalten Morgenstunde das kleine Mädchen mit roten Wangen, mit lächelndem Munde – erfroren am letzten Abend des alten Jahres. Niemand wusste, was das Mädchen Schönes erblickt hatte, in welchem Glanz es mit der alten Großmutter zur Neujahrsfreude eingegangen war.

Hans Christian Andersen

Zeit vergeht

Professor Murkes streng geheimes Lexikon

Lieber Jonas,
Du weißt ja, dass ich manchmal für viele Wochen auf Forschungsreise gehe.
Ihr denkt dann alle, ich bin in Afrika oder Australien. Aber da bin ich nicht. Ich bin in der Vergangenheit. Ich habe nämlich eine Zeitmaschine erfunden, das Tempomobil. Mit dem Tempomobil kann man in vergangene Erdzeitalter zurückreisen. Leider passt nur eine Person in das Tempomobil, sodass ich Dich nicht mitnehmen kann. Aber ich führe für Dich Tagebuch und schreibe und zeichne alles auf, was ich erforscht habe.

Mit streng geheimen Grüßen
Dein Opa, Professor Murke

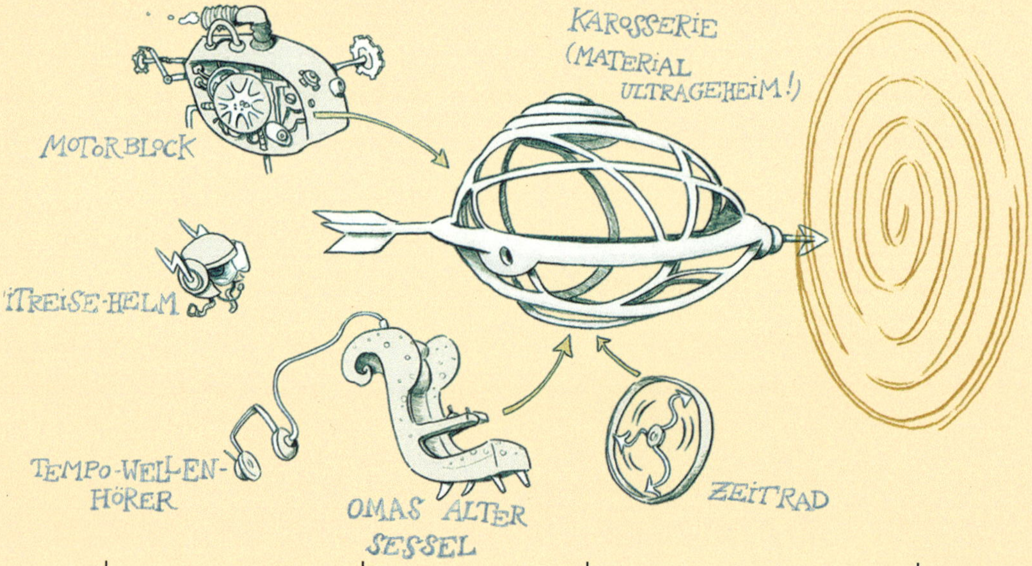

Zeitalter (zeitliche Entfernung in Chronomeilen)

Nebelzeit	**Zuckerzeit**	**Leichtzeit**	**Düsterzeit**
(Nebulosum) ca. 23,50 Millionen Chronomeilen bei Nebel	(Glukosäum) fast ganz genau 19,63 Millionen Chronomeilen	(Faszilium) so etwa 17,78 Millionen Chronomeilen (bei schneller Fahrt)	(Abyssium) ziemlich exakt 16,57 Millionen Chronomeilen

S. 168 S. 173 Textwerkstatt

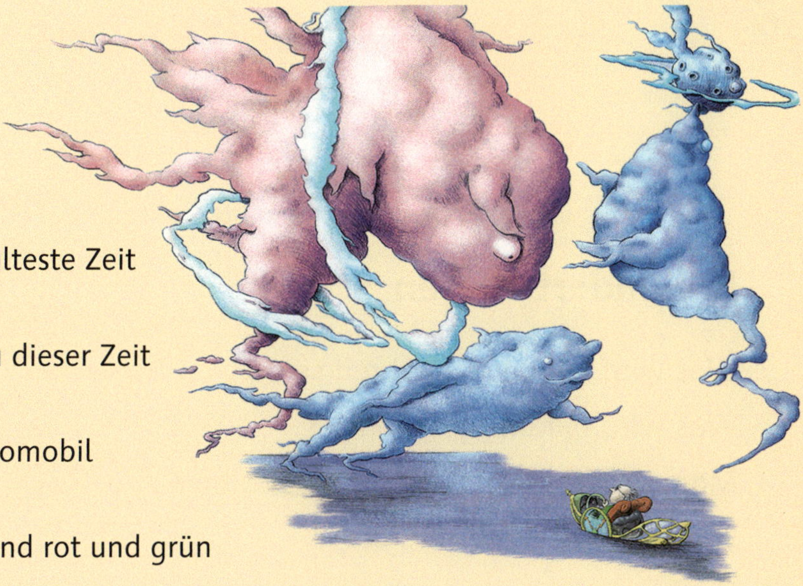

Lieber Jonas,
heute bin ich in die allerälteste Zeit gereist, ins Nebulosum.
Fast die ganze Welt ist zu dieser Zeit vom Urzeitmeer bedeckt.
Wie gut, dass mein Tempomobil schwimmen kann!
Das Urzeitmeer ist blau und rot und grün und gelb – alles zugleich.
Als die Sonne aufging und ich zum ersten Mal das Tempomobil aufgeklappt habe – da war die ganze Luft über dem Meer voller Tiere!
Ich habe sie Nebeltiere genannt, weil sie so leicht wie Nebel sind.
Den ganzen Tag spielen und tanzen sie zusammen in der Luft.
Man kann stundenlang zusehen und es wird nie langweilig. Am Abend sinken sie zurück ins Meer und am nächsten Morgen sind sie wieder da.

Lieber Jonas,
heute bin ich in die Zuckerzeit gereist.
Zuerst habe ich gedacht, ich wäre im tiefsten Winter gelandet …

Text: Andrea Schomburg / Bilder: Dorothee Mahnkopf

Es gibt auch ein Hörbuch davon.

Glibberzeit (Gelatinaum)
14,03 oder vielleicht auch 14,04 Millionen Chronomeilen

Streitzeit (Duellanum)
11,45 Chronomeilen, bei schlechtem Wetter entsprechend mehr

Schlafzeit (Schlummatikum)
genau gezählt 9,13 Chronomeilen, bei starker Müdigkeit doppelt so viel

Hier und Jetzt

Schnupper-Seite: Zeit vergeht

In hundert Jahren

Was wird in hundert Jahren sein?
Was wird mit uns geschehen?
Man weiß es nicht, denn niemand hier
kann in die Zukunft sehen.
Doch etwas kann man jetzt schon tun:
Man kann die Zukunft denken.
Und tut man dies, dann kann man sie
vielleicht zum Guten lenken.

Paul Maar

Kreidepferdchen, das
(Buntkreidezeit):
Drachenähnliches, aber sehr
gutmütiges Huftier aus bunter
Kreide. Länge: ca. 35 cm.
Lebensraum: Kreidefelsen.
Nahrung: Kreidestaub.

Buntkreidezeit (Craidizaum)
ungefähr 18,73 Millionen
Chronomeilen (bei Rückenwind)

Text: Andrea Schomburg
Bild: Dorothee Mahnkopf

Alles war Dunkelheit, und was ich sah,
lag in unendlicher Ferne,
und es war nichts in der Welt mir so nah
wie die unerreichbaren Sterne.

Frantz Wittkamp

S. 182 Textwerkstatt

Marsbewohner gesucht!

Sie haben Lust auf ein großes **ABENTEUER**?

Sie suchen eine neue **HERAUSFORDERUNG** und wollen etwas **BESONDERES** erleben?

Sie sind mutig, sportlich und lieben aufregende Reisen?

Dann ist ein Flug zum MARS genau das Richtige für Sie!

Buchen Sie bereits jetzt für das Jahr 2367 zum Sonderpreis!

Weitere Infos unter ♆♆♆.mars-reisen.♂ oder unter 99999876543210-los.

Ansprechpartnerin ist Frau Marsmädchen.

Marsmädchen sind ganz anders

Marsmädchen sind Allesgleichzeitigkönnerinnen.

… wenn es sie überhaupt gibt.

Bilder und Text: Daniela Kulot

keine Zeit

Welche Wörter spielt die Maschine?

Anton hat Zeit

Anton besaß jede Menge Zeit. Allerdings hatte er keine Ahnung, warum er sie hatte. Antons Zeit war einfach da. Er hatte sie nicht auf der Straße gefunden, so wie neulich den kleinen, silbernen Schraubenschlüssel. Er hatte die Zeit nicht gespart, so wie er es mit einem kleinen Teil seines Taschengeldes machte. Sie war ihm nicht zugelaufen wie ein kleiner Hund, und Anton hatte erst recht niemandem Zeit weggenommen.

Die Frage, die Mama am häufigsten stellte, war: „Himmel, wo ist nur schon wieder die Zeit geblieben?" Sie stellte diese Frage ständig, immer und überall. Im Supermarkt an der Kasse. Im Treppenhaus. In der Umkleidekabine. An der roten Ampel in der Schlüterstraße. Sogar beim Zahnarzt, mit dem Spuckeabsauger im Mund. Sie schaute auf ihre Armbanduhr und fragte: „Himmel, wo ist nur schon wieder die Zeit geblieben?" Anton fand das fast ein wenig peinlich. Warum wusste Mama das nicht? Er wusste nicht, warum er Zeit hatte. Und er wusste nicht, warum Mama keine Zeit hatte. Wenn ein Mensch viel Zeit hat und ein anderer keine, dann passen diese Menschen nicht besonders gut zusammen. Erst recht nicht, wenn sie zusammenwohnen. Anton und seine Mama wohnten zusammen. Sogar in einer Wohnung. Die lag im vierten Stock in der Margaretengasse Nummer 56. Je mehr Zeit er sich für etwas nahm, desto weniger Zeit hatte sie. War das nicht seltsam?

Meike Haberstock

Das kann ich schon: Aussagen von Texten verstehen

Als wir auf dem Mond wohnten

Als wir auf dem Mond wohnten, war es still und in der Nacht noch stiller. Am Abend ging die Erde auf, und am Morgen ging sie unter. Alles war voller Staub, aber alles war nicht viel, denn wir hatten unsere Sachen auf der Erde gelassen. Wir froren oft, und am Tag mussten wir Sonnenbrillen tragen, sogar die Großmutter. Es gab viele Meere überall, aber in keinem konnte man baden. Manchmal flogen Schiffe über uns hinweg, manchmal landeten sie, und Menschen stiegen aus, die Helme trugen. Sie hüpften im Kreis oder geradeaus. Wir konnten nicht mit ihnen reden und schenkten ihnen Steine und Staub, denn sonst gab es nichts auf dem Mond. Vielleicht kamen sie deshalb nie wieder.
Die Großmutter sagte, alles wiege auf dem Mond nur ein Viertel, der Vater versprach jedem von uns ein Drittel der Welt, die Mutter schlief die Hälfte der Zeit, und der Bruder war den ganzen Tag außer Atem. Der Großvater aber vermisste seine Freundinnen und einen seiner Freunde. Deshalb zogen wir ins Kino.

Peter Stamm

Einmal mit dem Auto um die Welt

Als Clärenore Stinnes 1919 mit 18 Jahren den Autoführerschein macht, gibt es nur wenige Autos. Sie werden nur von Männern gefahren. Trotzdem fährt die selbstbewusste und autoverrückte Clärenore mit 23 Jahren ihr erstes Autorennen. Ein Jahr später gewinnt sie als einzige Frau unter 53 Männern ein Rennen durch Russland.

Ihr größtes Abenteuer hat sie aber noch vor sich: Am 25. Mai 1927 startet sie zusammen mit dem Kameramann Carl-Axel Söderström in Frankfurt am Main als erster Mensch zu einer Weltumrundung mit einem Auto. Sie fahren durch Eis und Hitze, durch Schlamm und Geröll – oft gibt es gar keine Straßen, Karten, Tankstellen oder Werkstätten. Rund zwei Jahre später, am 24. Juni 1929 kommen Stinnes und Söderström in Berlin wieder an. Da haben sie 46.758 Fahrtkilometer hinter sich und sind durch 23 Länder gereist.

87 Jahre nach Clärenore Stinnes, am 27. Juli 2014, startet die Autohändlerin und Rennfahrerin Heidi Hetzer in Berlin ebenfalls zu einer Reise um die Welt – auf den Spuren von Clärenore Stinnes. Das Besondere: Heidi Hetzer ist bereits 77 Jahre alt und fährt mit einem Auto aus dem Jahr 1930. Als sie 959 Tage später in Berlin ankommt, hat sie – wie auch Clärenore Stinnes – zahlreiche Autopannen und Abenteuer überstanden. Sie wird am Brandenburger Tor mit Fähnchen und Konfetti empfangen und gefeiert.

Stellt euch Quizfragen zu dem Text.

Fliegen gestern

Der erste Mensch, der mit einem Gleitfluggerät fliegen konnte, war Otto Lilienthal. Das war 1894. Er baute einen „Normalsegel-Apparat“, mit dem er ungefähr 250 Meter weit fliegen konnte. Der Normalsegel-Apparat wurde als erstes Serienflugzeug nachgebaut und ist mindestens neun Mal verkauft worden. Otto Lilienthal ist über tausend Mal mit seinem Segelflieger geflogen. Doch 1896 stürzte er aus 15 Metern Höhe ab und starb an den Folgen des Unfalls.

Auf der Homepage des Otto-Lilienthal-Museums könnt ihr euch über das Museum und die Flugapparate informieren: www.lilienthal-museum.de

Fliegen morgen

Seit dem Jahr 2000 planen die NASA und die Europäische Raumfahrtorganisation ESA den nächsten Schritt ins All: einen Flug zum Mars. Der Mars ist der Nachbarplanet der Erde. Doch eine Mission dorthin ist ungleich komplizierter als ein Mondflug – schon wegen der Entfernung: Während der Mond im Schnitt nur 384 000 Kilometer über unseren Köpfen kreist, nähert sich der Mars gerade einmal alle zwei Jahre auf weniger als 100 Millionen Kilometer. Astronauten steht eine Reise von mehr als sechs Monaten bevor. Die erste Marsmission soll um das Jahr 2030 starten.

Stefan Greschik

Der Mars-Rover wurde 2004 auf dem Roten Planeten abgesetzt. Seither sucht er nach Wasser und schickt Fotos zur Erde.

Textwerkstatt S. 174

Hopp, Hopp, Hypersprung

Onkel Grigorian führte die Kinder über den Hof zu einem benachbarten Steingebäude. Es hatte keine Fenster. Er öffnete mit einem Schlüssel, ließ sie eintreten, schaltete das Licht ein und schloss die Tür wieder hinter sich.

Der Raum sah aus wie ein modernes Büro. Es gab drei Polstersessel, einen Drehstuhl, einen Schreibtisch, eine altmodische Schreibmaschine und einen Aktenschrank.

Helen untersuchte die Tür. „Das ist merkwürdig“, sagte sie.

Fritz ging zu ihr. „Was denn?“

„Sieh nur, ich kann nicht einmal meinen Fingernagel in den Spalt zwischen Tür und Rahmen schieben. Sie sitzt unglaublich eng. Wie kommt überhaupt Luft in diesen Raum?“

Fritz sah sich die Sache genauer an. Er wollte die Tür betasten, doch sein Finger stoppte einen Millimeter vor dem Holz. Es war, als läge eine dünne, transparente Schicht Plastik über der Tür und über der Wand.

„Es ist wie ein Siegel, rings um den Raum!“, rief er aus.

„Ganz genau“, sagte Onkel Grigorian. „Und jetzt möchte ich euch zeigen, wozu es dient.“

Er öffnete den Aktenschrank, doch anstatt eine einzelne Schublade hervorzuziehen, klappte er die gesamte Vorderfront auf, und ein Paneel mit Schaltern und Knöpfen kam zum Vorschein. Er betätigte scheinbar willkürlich einige davon, dann schloss er die Schranktür wieder.

„Fällt euch etwas auf?“

Helen sah sich um. „Die Wände sind plötzlich dunkel“, sagte sie.

„Seht nach oben!“, sagte Onkel Grigorian.

Sie taten, was er sagte, und – sahen Sterne, Millionen von Sternen, viel mehr als gewöhnlich und viel heller obendrein.

Da war noch etwas am Himmel: ein riesiger Planet, viermal so groß wie der Mond, blau und in weiße Wolken gehüllt. Ein kleiner Teil davon, wie eine Sichel, lag im Dunkeln.

„Wir sind auf dem Mond!“, rief Tubs aufgeregt.

S. 168 Textwerkstatt

Arbeitsheft Fördern, S. 30/31

„Sei nicht albern“, sagte Fritz. „Das ist eine Projektion – die Erde aus dem Weltraum gesehen. Es ist unglaublich gut!“

„Es ist wunderschön“, flüsterte Helen.

Plötzlich bemerkte Fritz noch etwas anderes. „Die Wände!“, sagte er.

„Sie sind dunkel“, sagte Tubs.

„Sieh hindurch, nicht auf sie.“

Die drei Kinder kniffen die Augen zusammen. Sie sahen eine graue, zerklüftete Landschaft, die ein wenig an eine vom Mondlicht beschienene Wüste erinnerte.

„Ich hab’s euch doch gesagt, wir sind auf dem Mond!“, krähte Tubs.

„Ja. Bei der Decke ist es leicht, genau wie bei drei der Wände. Man braucht nichts weiter als einen Rückprojektor hinter diesem transparenten Zeug. Aber die Vorderwand, mit der Tür? Dahinter liegt der Farmhof …“

„Viel einfacher“, sagte Onkel Grigorian. „Wir sind tatsächlich auf dem Mond.“

Fritz stieß ein ungläubiges Lachen aus.

„Mach einen Spaziergang nach draußen – das beweist es“, schlug Tubs vor.

„Das können wir nicht“, entgegnete Fritz.

Onkel Grigorian öffnete erneut den Aktenschrank, drückte ein paar Knöpfe, drehte an ein paar Schaltern und plötzlich waren die weißen Wände und die Tür des Farmgebäudes wieder da.

„Gehen wir woandershin.“

Diesmal blieben die Wände und die Decke unverändert, doch neben der Tür erschien ein Fenster. Fritz sah nach draußen.

„*Trafalgar Square!*“, rief er.

Onkel Grigorian lächelte und schwieg.

„Die Wände sind sehr dick“, sagte Fritz. „Du könntest die Projektoren in die Steinmauern eingebaut haben.“

„Aber hier könnt ihr nach draußen gehen“, antwortete Onkel Grigorian.

Fritz starrte ihn an.

„Nur zu!“

Fritz öffnete die Tür, trat nach draußen – und fand sich auf dem Bürgersteig des *Trafalgar Square* mitten in London wieder. Einigermaßen benommen kehrte er in das Büro des Onkels zurück.

„Nun“, sagte er schließlich zu Grigorian. „Wenn du damit nach London kannst, dann kannst du wohl auch auf den Mond.“

„Wie funktioniert es?“, wollte Helen wissen. „Ich meine, wie arbeitet der Antrieb?“

„Ich habe nicht die leiseste Ahnung“, gestand Onkel Grigorian. „Ich bin kein Physiker.“

„Aber was …“ Fritz schluckte mühsam und setzte erneut zu seiner Frage an. „Onkel Grigorian, was bist du dann?“

„Ich studiere Gesellschaften. Doch ich arbeite auch für meine Regierung – das Galaktische Empire würdet ihr es vermutlich nennen – als eine Art Geheimagent. Ich muss eine ganze Reihe von Welten im Auge behalten, die kurz davorstehen, die große Raumfahrt in die unendlichen Weiten des Weltraums zu entdecken. Eure ist eine dieser Welten.“

„Woher kommst du überhaupt?“, fragte Tubs.

„Meine Heimatwelt“, antwortete Onkel Grigorian, „ist der Planet *Klipst*. Er liegt siebzehn Lichtjahre von hier entfernt, in der Umlaufbahn einer kleinen Sonne namens *Marn*.“

Ken Follett

Wie könnte es auf dem Planeten Klipst aussehen?

Du kannst die Geschichte als E-Book lesen.

Sonnenuntergang

Die Sonne überschlug sich
Wie eine Münze im Flug.
Sie sauste am blauen Himmel dahin,
Sie landete auf dem Horizont,
Sie klimperte in den Schlitz.
Dann leuchteten die Neonlichter auf
Und blinkten: „Zeit abgelaufen",
Wie bei einer Parkuhr.

Oswald Mbuyiseni Mtshali

Das bin ich

Pssst!

Warum denkt keiner darüber nach,
wie es war, bevor man geboren wurde?
Vielleicht war ich ja ein Schmetterling und
habe den ganzen Tag mit den anderen gespielt
und mich überhaupt nicht einsam gefühlt.

Ich weiß nicht, wie lange ich NICHTS war.
100 Jahre? 1000?
Und dann war ich auf einmal da …

Nur schade, dass ich davon nichts mehr weiß.
Mir ging es sicher sehr gut, denn alle hatten mich lieb.

Meine frühesten Erinnerungen sind aus dem Kindergarten.
Einmal fand ich eine wunderschöne Kugel im Gras,
die hatte plötzlich acht Beine. Ich bekam meinen ersten
Wespenstich und lernte, im Wald zu pinkeln.

S. 174 Textwerkstatt

Ich hatte fünf beste Freundinnen.
Und ich freute mich auf die Schule.
Ich wünschte mir, endlich groß zu sein.

In der Schule wurde ich neben
einen Jungen gesetzt, der pupste.
Einer hat mich Streber genannt,
ich wusste nicht, was das ist.
Sara war meine beste Freundin, bis sie wegzog.
Ich war sehr traurig, denn sie hatte immer so gute Ideen.

In der ersten Klasse konnten wir einen Lehrer holen, wenn uns die Großen ärgerten. Einmal bin ich von der Schaukel gefallen und habe mir den Arm gebrochen. Danach wollten alle mit mir spielen.

Ich kam in die zweite, die dritte und dann in die vierte Klasse.
Mein erstes Meerschweinchen starb, aber ein Pferd bekam ich nie.

Text: Annette Herzog / Bilder: Katrine Clante

Schnupper-Seite: Das bin ich

- eine Schülerin (5. Klasse)
- eine Tochter
- ein Enkelkind
- die Stiefschwester (von einem nervenden kleinen Bruder)
- die kleine Schwester (von Nadja, der schönsten und nettesten großen Schwester)
- ein Scheidungskind
- eine Schülerlotsin

Kinder auf der Flucht

Rund 60 Millionen Menschen sind weltweit auf der Flucht vor Krieg, Gewalt und Bedrohung in ihrem Land.
Sie verlassen ihr Zuhause, um sich in Sicherheit zu bringen.
Ungefähr die Hälfte dieser Flüchtlinge sind jünger als 18 Jahre, also Kinder und Jugendliche. Viele sind sogar ohne Eltern unterwegs.

Wie heißt du denn?

Dieter-Peter Seisogut
Katherina Ohnemut
Manuela Lassdassein
Ina-Tina Dummundklein
Dorothea Immerwieder
Adelgunde Ohnelieder
Anneliese Lieberspäter
Udo-Herrmann Freundverräter
Maximilian Nachbarschreck
Margarethe Laufnichtweg
Karl-Matthias Immerich
Rosalinde Werliebtmich

Jürgen Spohn

sehnsuchtstränentröpfeltrauerbang
Augenblinzeljunggeselle
Liebeszauberkeimenneigung
Wonneloderflackerfeuer
Zuckerschnuckelpützelkindchen

Hanns von Gumppenberg

Guter Rat

Das Wünschen hilft,
wenn man fest will.
Nur eines musst du wissen:
Versuche nie, aus einem Frosch
den Prinz herauszuküssen.

Jutta Richter

Welche Wörter produziert die Maschine?

Herz Schmerz

Früher haben Bengt und ich immer in der Sommerstraße gespielt. Eigentlich, um einen Blick auf Britta zu erhaschen. Bengt war vielleicht auch in sie verliebt. Natürlich! Jetzt verstehe ich! Darum hat er mit mir an so einem langweiligen Platz wie dem Gehweg vor Brittas Haus gespielt.

Bengt hat riesiges Glück, denn er wohnt im Haus neben Britta. So nah dran! Ich wohne weit weg. Zwei Straßen weiter. Jeden Morgen kann er in seinem Treppenhaus warten. Warten und warten. Bis Britta vorbeikommt.

Und dann kann er sie zur Schule begleiten. Er kann sogar mit ihr sprechen, falls er sich traut.

Jetzt wird mir alles klar. Bengt ist in Britta verliebt.

Darum wollte er auch nicht für mich fragen, ob Britta mit mir gehen will.

„Kannst du Britta nicht fragen, ob sie mit mir gehen will?“

„Vergiss es!“, sagte er und guckte finster.

Damals dachte ich, er wäre nur feige.

Danach gingen wir am Gartenzaun lang, gegenüber von Brittas Haus. Wir hauten auf den Zaun und fanden ein loses Brett. Wir krabbelten in den Garten. Da fanden wir eine tote Maus. Bengt nahm sie am Schwanz und wollte sie mir ins Hemd stopfen. Plötzlich hatte er viel bessere Laune.

So viel ist seine Liebe wert! Er vergisst sie wegen einer toten Maus. Britta hat etwas viel Besseres verdient.

Ulf Nilsson

Überschrift Doppelpunkt Diktat

Wie soll ich Dich denn nur erreichen
Komma Geliebte Fragezeichen
Denn ich gestehe Doppelpunkt
Es hat bei mir schon längst gefunkt
Punkt Dann ein Absatz Neuer Satz
Lass Dich umarmen Komma Schatz
Ausrufezeichen Neue Zeile
Bis ich in Deine Arme eile
Komma träum ich nur von Dir
Semikolon schreibe mir
Punkt Mein Herz Gedankenstrich
es rast und brennt und schlägt für Dich
Komma nur für Dich allein
Ausrufezeichen Absatz Dein
Verehrer Klammer auf dann groß
Verwirrt Komma und ruhelos
durch Dich Komma Geliebte Du
Ausrufezeichen Klammer zu

Michael Schönen

Sommermädchenküssetauschelächelbeichte

An der Murmelrieselplauderplätscherquelle
Saß ich sehnsuchtstränentröpfeltrauerbang:
Trat herzu ein Augenblinzeljunggeselle
In verweg'nem Hüfteschwingeschlendergang,
Und er rief: „Mein Zuckerschnuckelpützelkindchen,
Welch ein Schmiegeschwatzeschwelgehochgenuss!"
Gab mir auf mein Schmachteschmollerosenmündchen
Einen Schnurrbartstachelkitzelkosekuss.

Hanns von Gumppenberg

Der Fisch mit dem goldenen Bart

In einem Teil des Meeres lebten vor langer, langer Zeit zwei Fische, die sehr gute Freunde waren. Davon hatte der eine einen schönen, langen, goldenen Bart. Die beiden Fische verbrachten viel Zeit miteinander. Doch eines Tages suchte der Fisch mit dem goldenen Bart vergeblich nach seinem Freund. Nirgends konnte er ihn finden. Tief bekümmert suchte er den Zauberer Oktapus auf und erzählte ihm, dass sein bester Freund verschwunden sei. Der Zauberer sprach: „Die Menschen haben deinen Freund gefangen. Ich werde dich an Land bringen, sodass du deinen Freund suchen kannst. Bedenke aber, du musst vor Sonnenuntergang wieder ins Meer zurückkommen, sonst musst du sterben.“

Der Zauberer versetzte den Fisch mit dem goldenen Bart in Schlaf und als dieser am Strand des Meeres aufwachte, hatte er die Gestalt eines Menschen angenommen. Lange, lange suchte er. Der Abend näherte sich schon und er wurde sehr traurig und niedergeschlagen. Als er schon alle Hoffnung aufgegeben hatte, was sah er da? Im Schaufenster eines Ladens schwamm sein Freund in einem Aquarium. Schnell betrat er den Laden. „Bitte gib mir den Fisch dort“, sagte er zu dem Verkäufer. Doch der Verkäufer verlangte Geld, was ihm der Fisch in Menschengestalt nicht geben konnte. Da sagte der Verkäufer: „Wenn du nicht bezahlen kannst, kann ich dir auch nicht den Fisch verkaufen, es sei denn, du schneidest deinen goldenen Bart ab und bezahlst damit.“

Was sollte der arme Fisch in Menschengestalt tun? Das Wichtigste war ihm, seinen Freund zu retten. Er schnitt sich also den Bart ab, dann nahm er seinen Freund in den Arm und rannte aus der Stadt.

Er erinnerte sich an die Warnung des Zauberers. Er lief und lief, ohne sich eine Rast zu gönnen. Gerade als die Sonne am Horizont verschwand, erreichten beide das Meer und tauchten sofort unter. Der Fisch in Menschengestalt verwandelte sich dabei wieder in einen echten Fisch. Voller Freude umarmten sich die beiden Freunde und schwammen glücklich nach Hause.

Seit diesem Tag hat keiner der beiden Fische mehr einen goldenen Bart, doch sie sind die besten Freunde, die man sich vorstellen kann.

Märchen aus der Türkei

Der Esel

Einmal kam ein Nachbar zu Nasreddin und sagte:
„Nasreddin, du weißt: Ich bin dein Freund."
„Wenn du es sagst, wird es wohl wahr sein", antwortete Nasreddin.
„Und mein Freund möchte bestimmt etwas von mir."
„Ja, so ist es", sagte der Nachbar.
„Könntest du mir deinen Esel für zwei Tage ausleihen?"
Nasreddin, der das Tier nicht hergeben wollte, sagte:
„Ich habe den Esel leider bereits verliehen. Er ist nicht im Stall."
In diesem Moment schrie der Esel im Stall laut „Iah".
Der Nachbar sagte: „Dein Esel ist doch da! Ich höre ihn rufen!"
„Du glaubst also einem Esel mehr als mir?", sagte Nasreddin vorwurfsvoll.
„Und so was will ein Freund sein!"

Paul Maar

Rosie und Moussa

Das Taxi fährt wieder davon. Für ihren Umzug hatten sie keinen Möbelwagen gebraucht. „Wohin ziehen wir?“, hatte Rosie gefragt. „Nicht weit weg“, war Mamas Antwort gewesen, „bloß ans andere Ende der Stadt.“

Aber das andere Ende der Stadt kommt Rosie vor wie das andere Ende der Welt. Sie seufzt.

Bestimmt dauert es eine Ewigkeit, bis ich hier Freunde habe, denkt sie.

„Hallo“, sagt Moussa. „Ich bin Moussa … Und du? Wer bist du?“

Zwei große Augen schauen Rosie fragend an.

„Du bist neu“, sagt er, bevor Rosie antworten kann.

„Gar nicht“, sagt Rosie. „Ich bin Rosie.“

„Okay“, sagt Moussa.

„Ich kenne das Haus hier in- und auswendig“, sagt Moussa. „Ich weiß eine Tür, wenn du da hindurchgehst, kommst du zu einer kleinen Treppe, und die führt bis hinauf aufs Dach.“

„Meinetwegen“, sagt Rosie.

„Hab keine Angst vor meinem Hund“, sagt Moussa. Rosie betrachtet das rote Tier, das Moussa an einem Halsband hält. Es ist gar kein Hund, sondern ein alter, roter Kater.

„Du willst mich wohl auf den Arm nehmen?“, fragt Rosie. „Das ist überhaupt kein Hund.“

Moussa seufzt.

„Ich hätte bloß so gern einen. Aber Herr Tak will keine Hunde im Haus. Könntest du bitte so tun, als wäre meine Katze ein Hund?“, fragt Moussa.

„Nur, wenn du mich mit aufs Dach nimmst.“

S. 180 Textwerkstatt

„Einverstanden", sagt Moussa und schlägt seine Hand gegen die von Rosie.
„Wie heißt er denn?", fragt Rosie.
„Titus."
„Guter Name für einen Hund", sagt Rosie.
Dann streichelt sie Titus über den Kopf.
„Miau!", maunzt der Hund.

Michael De Cock

Wie soll eine gute Freundin, ein guter Freund sein?

Über diese Frage haben die 25 Kinder einer vierten Klasse diskutiert.
Jeder konnte seine Meinung zu dieser Frage sagen.
Die verschiedenen Aussagen hat die Klasse für eine Umfrage notiert.
Bei der Umfrage konnten alle ankreuzen, ob sie den Aussagen zustimmen oder nicht.

Ein guter Freund, eine gute Freundin …

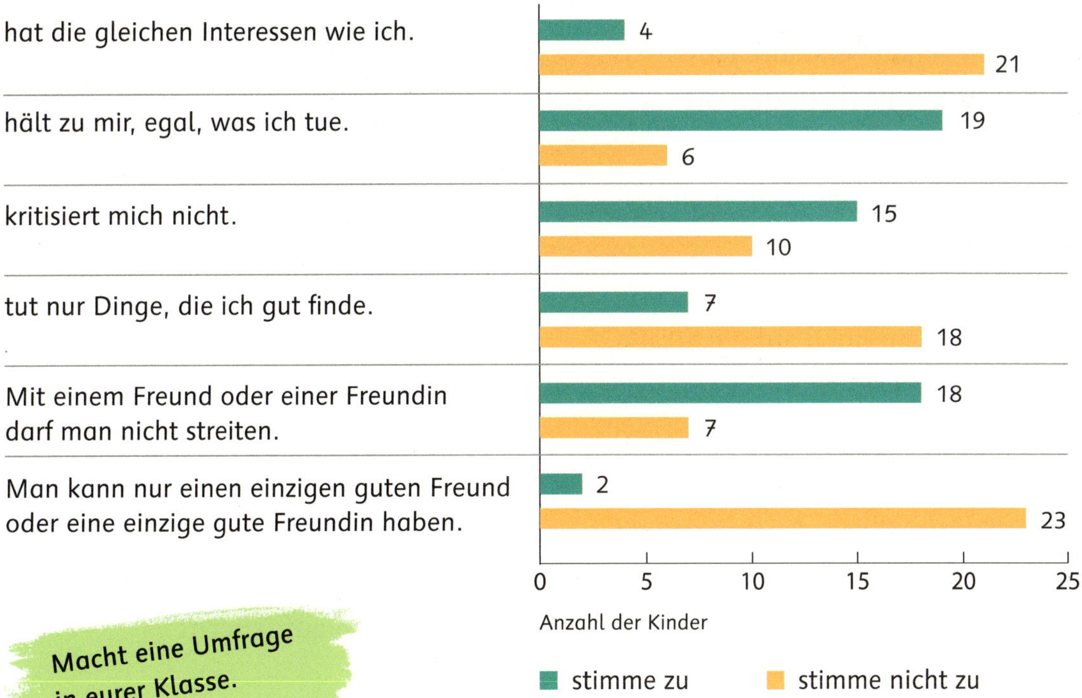

Macht eine Umfrage in eurer Klasse.

Bosto

Bosto heißt eigentlich Bernd und ist erwachsen, obwohl er nicht sprechen kann. Früher hat er geredet wie ein Wasserfall, vor allem mit Kindern. Da war er noch Klinikclown. Er hat Maja manchmal von seiner Arbeit erzählt, von den Kindern im Krankenhaus. Zu denen kam Bosto und heiterte sie auf.

Bosto ging auf den Händen, oder er pfiff wie eine Amsel, oder er lachte, ohne eine Miene zu verziehen. Bosto blieb immer ernst, bis sich alle vor Lachen krümmten, und dann lachte er mit ihnen. Aber zwischendurch zwinkerte er Maja zu und sagte: „Siehst du, so geht Aufheitern."

Dann passierte etwas mit Bosto, das Maja nicht genau verstand. Jedenfalls war er von den Herbstferien bis Weihnachten weg, und als er wiederkam, konnte er nicht mehr sprechen.

Bosto ging kaum noch auf die Straße, und wenn er doch herunterkam, hatte er ein Gestell, das er vor sich herschob und an dem er sich festhielt.
Maja schaute aus dem Küchenfenster und sah, wie Bosto das Gestell langsam über die Spielstraße schob.

„Bosto geht so langsam", sagte sie und wollte gleich zu ihm laufen, aber Mama hielt sie zurück.
„Lass ihn", sagte sie, „er muss alles wieder lernen."
„Ich bin seine Freundin", sagte Maja wütend.
„Das geht nicht", sagte Mama.

Maja wartete auf einen günstigen Moment. Bosto stand allein vor dem Haus. Und schaute die Spielstraße hoch und runter, als wartete er auf jemanden. Natürlich wartete er auf Maja. Mama war gerade in ihrem Arbeitszimmer, also ging Maja schnell nach draußen zu Bosto und stellte sich vor ihn.
„Hallo Bosto", sagte sie. „Soll ich dich ein bisschen aufheitern?"

Bosto schaute sie an. Er sah ernst aus, aber ein Mundwinkel wollte grinsen, das sah Maja genau.
„Gut“, sagte sie, „dann pass mal auf, Bosto.“
Bosto schnaufte, das hatte er früher nicht getan, aber es störte Maja nicht. Sie trat vier Schritte zurück, konzentrierte sich und schlug ein wunderschönes Rad. Eigentlich konnte sie Rad nicht gut, aber dieses Rad war perfekt. Beine gestreckt, alles in einem Schwung. Das würde Bosto gefallen, der Räder schlagen konnte wie ein Weltmeister. Und weil sie einmal angefangen hatte, schlug Maja noch ein paar Räder. Etwas außer Atem schaute sie zu Bosto hinüber, um zu sehen, ob es geklappt hatte. Er verzog keine Miene, aber Maja sah genau, dass er sich eigentlich krümmen wollte vor Lachen. Er war nur zu verbogen, um es richtig zu tun.

Maja musterte Bostos Gesicht. Es war schwer, sich darin auszukennen, weil es anders aussah als früher und weil Bosto einfach nichts sagte.
„Muss du das Gestell jetzt immer haben?“
Er nickte.
„Warum?“
Als er wieder nickte, schaute Maja weg und sagte: „Meine Freundin Lia hat eine Brille gekriegt. Jetzt muss sie beim Ballspielen immer aufpassen. Blöd, oder?“
Bosto nickte.
„Aber weißt du was“, sagte Maja und drehte sich wieder zu ihm, „die Brille, die steht ihr ganz gut.“
Da grinste Bosto, auch wenn sein Mund nicht richtig mitspielte, aber Maja konnte es genau erkennen.

Annette Pehnt

Die Flucht

Ich wohne mit meiner Familie in einer Stadt nahe beim Meer. Jeden Sommer haben wir viele Wochenenden am Strand verbracht. Doch da gehen wir jetzt nicht mehr hin, denn letztes Jahr hat sich unser Leben für immer verändert.

Der Krieg brach aus. Jeden Tag geschahen schreckliche Dinge um uns herum, und bald schon war alles ein einziges Chaos. Eines Tages nahm der Krieg uns Papa weg. Seither ist alles dunkler geworden, und meine Mama macht sich immer größere Sorgen.

Vor ein paar Tagen erzählte eine Freundin meiner Mama, dass viele Leute das Land verließen und versuchten, in ein anderes Land zu flüchten. Ein Land weit weg von hier mit hohen Bergen.
„Was ist das für ein Land?", fragen wir Mama.
„Dort ist man in Sicherheit", sagt sie.
„Und wo ist dieses Land?", fragen wir nach.
Sie zeigt uns Bilder von fremden Städten, fremden Wäldern und fremden Tieren, und dann seufzt sie: „Da gehen wir hin, da müssen wir keine Angst mehr haben."

Wir wollen nicht weggehen, aber Mama sagt, das werde ein großes Abenteuer. Wir packen alles, was wir besitzen, in Koffer und sagen allen, die wir kennen: „Auf Wiedersehen."
Wir fahren nachts los, damit man uns nicht sieht, und sind viele Tage unterwegs.
Je weiter wir fahren, desto mehr lassen wir zurück.

Francesca Sanna

Arbeitsheft Fördern, S. 34

Kinder haben Rechte

Die UNO ist ein Zusammenschluss von fast 200 Ländern. Sie hat festgelegt, welche Rechte Kinder haben sollen.
Viele andere Länder haben beschlossen, dass diese Rechte bei ihnen gelten sollen. Insgesamt hat die UNO 54 Kinderrechte aufgeschrieben. Einige davon kannst du hier nachlesen:

1. Recht auf Gleichbehandlung, unabhängig von Religion, Herkunft, Hautfarbe oder Geschlecht
2. Recht auf einen eigenen Namen
3. Recht auf Gesundheit
4. Recht auf Bildung
5. Recht auf Spiel und Freizeit

6. Recht, sich zu informieren, eine eigene Meinung zu haben und gehört zu werden
7. Recht auf Schutz vor Gewalt und Ausbeutung
8. Recht auf Schutz im Krieg und auf der Flucht
9. Recht auf eine Familie und ein sicheres Zuhause
10. Recht auf besondere Betreuung bei Behinderung

Tieren auf der Spur

Die Riesenhonigbiene in Asien

In Südostasien lebt die Riesenhonigbiene. Der Name ist vielleicht ein bisschen übertrieben, aber mit zwei Zentimetern Länge überragt sie unsere Honigbiene doch deutlich. Riesig sind ihre Nester, die aus einer einzigen Wabe bestehen. Diese kann über einen Meter Spannweite haben und viele Kilogramm Honig enthalten.

Die Riesenbienen bauen ihre Waben im Freien, an Ästen oder vorspringenden Felsen. Um sie zu schützen, verhüllen sie sie mit einem „Bienenvorhang“. Vor der Wabe hängen ständig kampfbereite Bienen in mehreren Lagen. Und dennoch wird das Nest oft von Menschen erbeutet.

Seit Jahrhunderten erklimmen Honigjäger hohe Bäume oder steile Berghänge, wo sie an Seilen und Strickleitern über dem Abgrund schweben. Wenn sie die Bienen mit Rauch vertrieben haben, trennen sie die ganze Wabe ab und nehmen sie mit. Nur so lässt sich dieser Honig ernten, die Wildbienen sind nämlich nicht zu zähmen.

Sie unternehmen auch noch jahreszeitliche Wanderungen wie Zugvögel. Vor Einsetzen der Regenzeit verlassen sie ihre Nester und begeben sich in blütenreichere Gebiete. Dabei können sie bis zu 200 Kilometer zurücklegen. Am Ziel angekommen, bauen sie ein neues Nest und kehren nach der Regenzeit zurück.

Text und Bilder: Piotr Socha

Schnupper-Seite: Tieren auf der Spur

Ein Kilo Honig

Für ein Kilo Honig
fliegen Bienen
rund 120.000 Kilometer.
Das sind ungefähr
drei Flüge um die Erde.

Text und Bild: Piotr Socha

Versponnene Spinnen spannen spindeldünne Spaghetti,
spindeldünne Spaghetti spannen versponnene Spinnen.

Spinnennetze

Webspinnen können einen Faden spinnen,
der 20-mal dünner ist als ein menschliches Haar,
aber extrem reißfest.
Wenn sie noch winzig klein sind,
lassen sie sich vom Wind viele Kilometer
über den Erdball tragen, um irgendwo
ein neues Leben zu beginnen.

Sixta Goertz

Welche Wörter dreht die Maschine?

Frosch oder Kröte?

	Teichfrosch	Erdkröte

Körper	schlank	dicklich und rund
Beine	lang und schlank Hinterbeine länger als Vorderbeine	kurz und dick Vorderbeine und Hinterbeine etwa gleich lang
Zehen	Schwimmhäute zwischen den Zehen	keine Schwimmhäute
Haut	glatt, feucht, glänzend in unseren Breiten grünlich, leicht braun	trocken, ledrig mit Warzen und Beulen meist bräunlich, erdfarben
Fortbewegung	springt und hüpft, kann schwimmen	kann schlecht hüpfen, läuft und kriecht

Fischwunder

„Ich geh zu Tisch",
spricht der Fisch.
Seltsam ist er anzusehn:
Selten können Fische gehn.

Max Kruse

Wie viel ist ein Glas Honig wert?

(Gespräch mit der Bienenkönigin)

„Erlauben Sie mir, einen Wunsch zu sagen.
Ich möchte ein Glas Honig haben.

Was kostet's? Ich bin zu zahlen bereit.
Für was Gutes ist mir mein Geld nicht leid."

„Sie wollen was Gutes für Ihr Geld?
Sie kriegen das Beste von der Welt!

Sie kaufen goldenen Sonnenschein,
Sie kaufen pure Gesundheit ein!

Was Bessres als Honig hat keiner erfunden.
Der Preis? Ich verrechne die Arbeitsstunden.

Zwölftausend Stunden waren zu fliegen,
um so viel Honig zusammenzukriegen.

Ja, meine Leute waren fleißig!
Die Stunde? Ich rechne zwei Mark dreißig.

Nun rechnen Sie sich's selber aus!
27 000 kommt heraus.

27 000 Mark und mehr.
Hier ist die Rechnung, ich bitte sehr!"

Josef Guggenmos

1 Mark = 51 Cent

Bienensterben

Warum die Bienen sterben?
Ein Grund sind Krankheiten, denen die Bienen zum Opfer fallen.
Außerdem besprühen viele Bauern ihre Felder mit Pflanzenschutzgiften gegen Schädlinge. Auch diese Gifte haben zur Folge, dass viele Bienen sterben.
Wenn es weniger Bienen gibt, wächst auch weniger Obst und Gemüse. Deshalb ist es wichtig, Bienen zu schützen.

Insektenhotel

Ohne Bienen und Käfer läuft in Sachen Bestäubung und Fortpflanzung nichts, das wissen wir alle. Helft ein wenig nach, werdet Umweltschützer und Baumeister zugleich – und eröffnet ein Insektenhotel.
Zuerst müsst ihr einen Rahmen für die Hotelzimmer bauen. Dann kommen die Zimmer. Jedes Tier braucht seinen eigenen Unterschlupf und hat eigene Ansprüche an die Unterbringung.

Hier findet ihr eine Anleitung zum Hotelbau: www.geolino.de. Sucht unter der Rubrik „Basteln".

Blumentopf mit Stroh.
Hier wohnen: Käferlarven, Florfliegen und Ohrwürmer.

Spankorb mit Stroh.
Hier wohnen: Käferlarven, Florfliegen und Ohrwürmer.

Eierkarton mit Löchern.
Hier wohnen: Florfliegen, Käferlarven und Ohrwürmer.

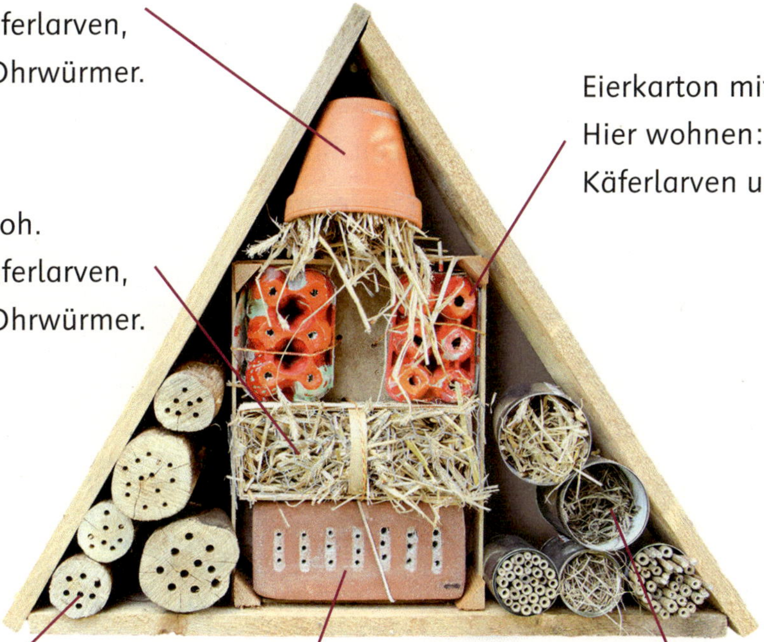

Holzscheiben mit Löchern.
Hier wohnen: Wildbienen.

Hohlziegel mit Löchern.
Hier wohnen: Wildbienen, vor allem Mauerbienen.

Blechdose mit Pflanzenstängeln. Hier wohnen: Wildbienen, Florfliegen, Käferlarven und Ohrwürmer.

James und der Riesenpfirsich

Mitten im Garten ragte der Riesenpfirsich auf. Der Pfirsich sah aus wie ein gewaltiger Ball, der da im Gras lag, reglos und geheimnisvoll und wunderbar.

Beinahe ohne zu wissen, was er tat, und wie von einem mächtigen Magneten angezogen, ging James Henry Trotter langsam auf den Riesenpfirsich zu. Er blieb unter der Pfirsichwölbung stehen. James trat einen Schritt näher und legte seine Wange dagegen. Und als er so an den Pfirsich gelehnt stand, sah er zufällig, dass der Pfirsich genau neben ihm dicht über dem Boden ein Loch hatte.

Es war ein ziemlich großes Loch. James kauerte davor nieder und streckte den Kopf vor. Und dann kroch er hinein. Er kroch immer weiter und dachte aufgeregt: „Das ist kein gewöhnliches Loch, das ist ein Tunnel!" Er kroch hindurch, und noch ehe er Zeit hatte, aufzuschauen und festzustellen, wo er überhaupt war, hörte er eine Stimme: „Schaut mal, wer da kommt!" Und eine zweite Stimme sagte: „Wir haben schon auf dich gewartet!" James richtete sich halb auf, wandte den Kopf zu den Stimmen um, und sein Gesicht wurde totenblass vor Entsetzen. Die Geschöpfe saßen gemütlich in Sesseln oder lagen auf einem Sofa und betrachteten ihn aufmerksam. Geschöpfe? Oder waren das Insekten?

Ein alter grüner Grashüpfer, so groß wie ein großer Hund, saß da in einem Lehnsessel. Und neben dem alten Grashüpfer saß eine enorme Spinne. Und neben der Spinne ein Riese von Marienkäfer.

Auf einem Sofa daneben räkelten sich ein Tausendfüßler und ein Regenwurm. In einer Ecke auf dem Boden lag etwas Dickes, Weißes, das einer Seidenraupe glich.

Jedes einzelne Geschöpf war mindestens so groß wie James selbst, und in dem geisterhaft grünlichen Licht, das von irgendwo von der Decke herabschien, sahen sie alle miteinander einfach furchterregend aus.

„Du brauchst keine Angst zu haben", sagte der Marienkäfer freundlich. „Ich bin Marie Käfer, und wir denken nicht im Traum daran, dir etwas zu tun. Du gehörst jetzt zu uns. Hast du das nicht gewusst?"

„Wir haben schon den ganzen Tag lang auf dich gewartet", fuhr der alte grüne Grashüpfer fort. „Wir sind froh, weil du es doch geschafft hast. Wir müssen endlich schlafen gehen. Wir haben morgen einen anstrengenden Tag vor uns. Würden Sie bitte so gut sein und die Betten machen, Frau Spinne?"

Ein paar Minuten später hatte Frau Spinne schon das erste Bett gemacht. Es hing an Fäden von der Decke herunter und sah eigentlich mehr wie eine Hängematte aus.

„Ich hoffe, es ist bequem", sagte Frau Spinne. „Ich habe es so weich und seidig gesponnen, wie ich nur konnte."

James kletterte in seine Hängematte. Wie schön weich und gemütlich sie war! Er lag mit weit offenen Augen in der Dunkelheit und lauschte auf die eigentümlichen leisen Laute, die die Geschöpfe im Schlaf von sich gaben, und fragte sich, was am nächsten Morgen geschehen würde.

Roald Dahl

Was gefällt dir besser, das Buch oder das Hörbuch? Warum?

Der aufgeblasene Frosch

Ein großer Frosch hockte inmitten einer Schar kleiner Frösche im Weiher und sah einen Ochsen auf der Weide. Der Ochse war stattlich und gut im Fleische.
„Warum bin ich nicht so groß wie er?“, fragte sich der Frosch und es packte ihn der Neid, weil er kleiner war.
„Aber ich kann mich aufblasen“, sagte er, „und dann bin ich ebenso groß.“
Er pumpte und pumpte sich voll Luft und rief den kleinen Fröschen zu: „Bin ich so groß wie der Ochse?“
„Nein“, quakten die kleinen Frösche.
Da blähte sich der Frosch noch mehr auf und fragte wieder: „Bin ich jetzt so groß wie der Ochse?“
„Nein, noch immer nicht“, antworteten die kleinen Frösche.
„Jetzt kann aber nicht mehr viel fehlen“, dachte der Frosch, holte noch einmal mit letzter Kraft Luft und pumpte und pumpte – und zerplatzte.

Äsop, nacherzählt von Sybil Gräfin Schönfeldt

Das kann ich schon: eine Textart erkennen

Die kleinen und die großen Fische

„Wir sind die Schrecken der Tiefe“, prahlten die großen Fische. „Alle leben in Furcht vor uns; wir aber fürchten nichts. Ihr kleinen Fische seid nichts wert. Ihr könnt nicht kämpfen und seid leicht zu fangen.“
In diesem Augenblick ließen die Fischer ein neues Netz herunter, und die großen Fische wurden schnell gefangen, hinaufgezogen und ins Schiff befördert.
Die kleinen Fische konnten durch die weiten Maschen des Netzes entkommen.

Äsop, nacherzählt von Rudolf Hagelstange

S. 169 S. 180 Textwerkstatt

Arbeitsheft Fördern, S. 38/39

Die Spinne

Als der Prophet Mohammed und sein Freund Abu Bakr aus der Stadt Mekka fliehen mussten, versteckten sich die beiden in einer Höhle. Doch schon am ersten Tag ihrer Flucht näherte sich ihnen eine Gruppe von Reitern und machte nur einige Meter unterhalb der Höhle halt. Die Reiter saßen ab und zogen ihre Schwerter. Sie waren sich sicher, das Versteck Mohammeds gefunden zu haben. Sie riefen seinen Namen und forderten ihn auf, hinauszukommen. Mohammed und Abu Bakr rührten sich nicht. Als die Reiter keine Antwort erhielten, befahlen sie ihrem Führer, die Höhle zu prüfen und einen Blick hineinzuwerfen. Der alte Beduine kletterte zum Eingang hinauf. Vor der Höhle nisteten Tauben und der Eingang der Höhle war von einem dichten Spinnennetz versperrt. Er starrte ins Dunkel und kehrte wieder um.

„Was ist los? Hast du sie nicht gefunden?", riefen ihm die Reiter verärgert entgegen. Aber der Beduine schüttelte nur den Kopf. „Die Höhle hat seit Monaten kein Mensch mehr betreten. Der Eingang ist von Spinnenweben verhangen und außerdem nistet ein Taubenpärchen vor der Höhle. Wenn Mohammed und sein Freund sich darin versteckt hätten, wäre das Spinnennetz zerrissen und die Tauben hätten ihr Nest verlassen."

Wütend jagten die Reiter davon. Mohammed und Abu Bakr aber waren glücklich, dass die Spinne und die Tauben ihnen auf diese Weise das Leben gerettet hatten.

Lorenz Just

Tipp für alle, die nicht mit einer Spinne wohnen wollen:
Ein leeres Glas über die Spinne stülpen und vorsichtig eine Karte unter die Öffnung schieben. Dann die Spinne nach draußen setzen.

Frühlingsduft

Frau Bertas ganz persönlicher Frühling

Es war einmal an einem kalten Wintermorgen. Da wachte Frau Berta auf und wusste: Irgendetwas war anders als sonst. Heute fühlte sie sich nicht alt und gebrechlich, sondern irgendwie jünger. Nein! So richtig jung mit allem Drum und Dran: Sie war gut aufgelegt, voller Übermut und hatte schon vor dem Frühstück Lust auf Schokolade. Das hatte sie schon seit vielen Jahren nicht mehr erlebt.

Aber noch etwas war anders. Ihr Kopf war viel, viel schwerer als sonst. Sie hatte Mühe, ihn gerade zu halten. Dauernd kippte er nach rechts oder links. Was war das nur? Frau Berta griff sich an den Kopf und bekam einen Riesenschreck: Sie hatte keine Haare mehr! Aber auch keine Glatze, sondern irgendetwas … es fühlte sich an wie … kleine Zweige?

Langsam, ganz langsam ging sie ins Badezimmer und guckte in den Spiegel. Und siehe da: Es waren wirklich Zweige! Frau Berta zupfte an den Zweigen. Die waren festgewachsen. Frau Berta war ratlos! Was sollte sie jetzt nur tun? Während sie darüber nachdachte, begann sie, sich das Gesicht zu waschen. Sie tat das immer mit viel Schwung.

Dabei waren wohl einige Wasserspritzer auf ihrem Kopf gelandet. Jedenfalls merkte Frau Berta, dass die Zweige plötzlich kleine Knospen bekamen. Wie das knisterte!

Unzählige zartrosa Blüten mischten sich unter die hellgrünen Blätter. Und das ganze Badezimmer roch … nach Frühling! „Oh, das ist wohl mein ganz persönlicher Frühling!“, dachte Frau Berta und lächelte den Eisblumen auf dem Fenster zu.

Text und Bilder: Petra Waibel

Schnupper-Seite: Frühlingsduft

Osterglocke
Glockenblume
Blumenzwiebel
Zwiebelkuchen …

Schneefall im Frühling
von den Baumästen sinken
weiße Kirschblüten

Elisabeth Zartl

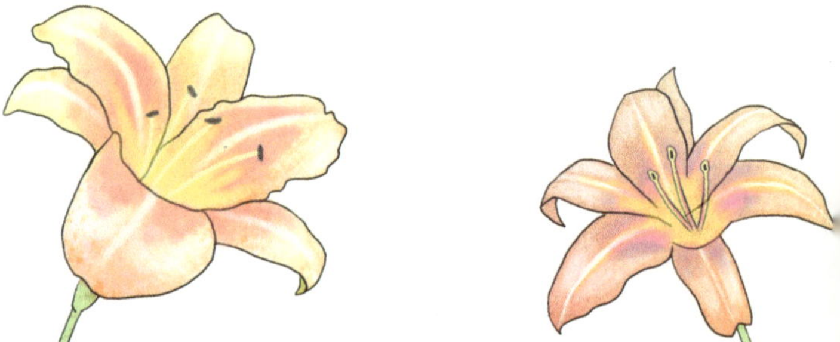

Mit einer Blumenzwiebel

Rate, was habe ich hier?
Eine Zwiebel. Ich schenke sie dir.

Scheint sie dir allzu gering?
Es ist ein verzaubertes Ding.

Draus wird was schlüpfen im Mai
wie ein Vogel aus dem Ei.

Wie ein Paradiesvogel schön
wird eine Blume im Garten stehn.

Josef Guggenmos

Welches Wort mixt die Maschine?

S. 184 Textwerkstatt

Lösung S. 207

Wann ist Ostern?

Heiligabend ist immer am 24. Dezember. Aber Ostern fällt nicht jedes Jahr auf das gleiche Datum. Es wird immer am ersten Sonntag nach dem ersten Vollmond im Frühling gefeiert. Bei dem Fest gibt es viele Bräuche, die mit Eiern zu tun haben. Eier sind ein Symbol für neues Leben, so wie auch im Frühling neues Leben beginnt.

Schlange
Huhn
Ente
Delfin
Dinosaurier
Vogel
Krokodil

Welches Tier legt keine Eier?

Wenn eine Henne
ein Ei gelegt hat,
macht sie bok, bok, bok!
Wie macht ein Hahn,
wenn er ein Ei
gelegt hat?

Wusstest du, dass

... es in Deutschland schätzungsweise 70 Millionen Fahrräder gibt, aber nur rund 40 Millionen Autos?

... der 3. Juni der Europäische Tag des Fahrrades ist?

... der Musiker Christian Adam einen Rekord aufstellte, indem er mehr als 60 Kilometer auf seinem Fahrrad rückwärts fuhr und dabei noch Geige spielte?

Welche Fahrrad-Aktionen gibt es bei euch am 3. Juni?

Lösung S. 207

Ronja Räubertochter

Und dann brach der Frühling wie ein Jubelschrei über die Wälder um die Mattisburg herein. Der Schnee schmolz. In Strömen rann er von allen Bergwänden herab und suchte sich seinen Weg zum Fluss. Und endlich konnte auch Ronja wieder in ihren Wald, nach dem sie sich so sehr gesehnt hatte. Schon längst hatte sie da sein und sehen wollen, was in ihrem Wald geschehen war, seit der Schnee geschmolzen und alles Eis getaut war. Und dann lief sie, lief und lief bis zum Weiher. Und dort war Birk. Wie er es versprochen hatte. Er lag ausgestreckt auf einer Felsplatte in der Sonne.

Eine Weile standen sie schweigend da und lauschten dem Zwitschern und Rauschen, dem Brausen und Singen und Plätschern in ihrem Wald.
Alle Bäume und alle Wasser und alle grünen Büsche waren voller Leben, von überallher erscholl das starke, wilde Lied des Frühlings.
„Hier stehe ich und spüre, wie der Winter aus mir herausrinnt“, sagte Ronja. „Bald bin ich so leicht, dass ich fliegen kann.“
Birk gab ihr einen Knuff. „Dann flieg doch!“
Ronja lachte. „Ja, mal sehen.“

Und dann hörten sie die Pferde. Von unten am Fluss kamen sie in vollem Galopp angerast, und jetzt hatte Ronja es eilig. „Komm! Ich möchte mir so gerne ein Wildpferd fangen.“

S. 178 Textwerkstatt

FöKV 17, KV 38

Und sie liefen, bis sie sie sahen.

Hunderte von Pferden, die mit flatternden Mähnen durch den Wald stoben, sodass der Boden unter ihren Hufen dröhnte.

„Ein Bär oder ein Wolf muss sie erschreckt haben", sagte Birk.

„Warum hätten sie sonst solche Angst?"

Ronja schüttelte den Kopf.

„Sie haben keine Angst. Sie laufen sich nur den Winter aus dem Leib. Aber sobald sie sich ausgetobt haben und anfangen zu grasen, fang ich mir eins und nehm es mit auf die Mattisburg, das habe ich schon lange vor."

„Auf die Mattisburg? Was willst du denn da mit einem Pferd? Reiten kannst du doch nur im Wald. Wir fangen uns zwei und reiten gleich los, ja?"

Ronja überlegte eine Weile, dann sagte sie:

„Sogar Leute aus der Borkasippe haben Grips im Schädel, merke ich. Ja, das machen wir! Komm, wir versuchen es!"

Sie band ihren Lederriemen los. Auch Birk hatte sich so einen verschafft, und mit wurfbereiten Schlingen versteckten sie sich hinter einem Felsblock nahe der Lichtung, wo die Wildpferde immer grasten.

Es machte den beiden nichts aus, dass sie warten mussten.

„Ich sitze gerne hier und bin mitten im Frühling", sagte Birk.

Ronja sah ihn verstohlen an und murmelte vor sich hin:

„Und dafür hab ich dich lieb, Birk Borkasohn."

Text: Astrid Lindgren / Bild: Ilon Wikland

„Ronja Räubertochter" gibt es als Buch und als Film.

Osterbräuche in anderen Ländern

Heringsbegräbnis in Irland: herring funeral

Eine Beerdigung ist eigentlich eine traurige Angelegenheit, aber in Irland machen viele Menschen zu Ostern ein fröhliches Fest daraus. Sie beerdigen nämlich einen Hering. Der Grund: Viele Christen fasten in den 40 Tagen vor Ostern. Sie verzichten dabei zum Beispiel auf Fleisch. Stattdessen essen sie bescheidene Gerichte, und das waren in früheren Zeiten vor allem Heringe. Zu Ostern war das Fasten dann vorbei. Die Leute freuten sich, dass sie keine Heringe mehr essen mussten – und beerdigten sie.

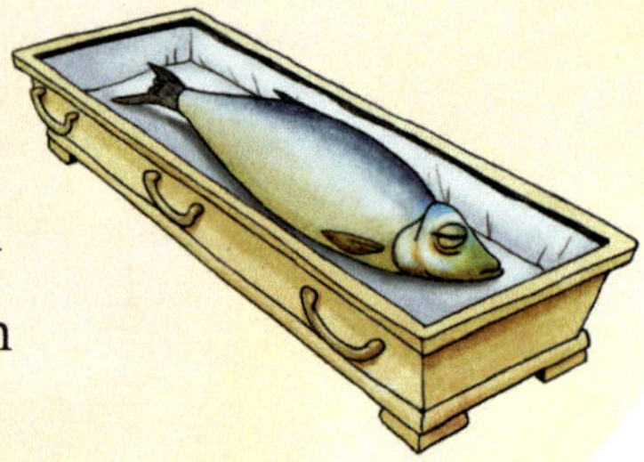

Hexen in Schweden: påskkärringar

Bunte Kopftücher, weite Röcke und Besen – damit verkleiden sich viele Kinder in Schweden an einem der Ostertage als Hexen. Auf Schwedisch: påskkärringar. So ziehen die Kinder dann meist in Gruppen von Haus zu Haus und sammeln Süßigkeiten. Oft haben sie Teekessel, Kaffeekannen oder Töpfe dabei, in denen sie den Naschkram sammeln.

Wasserschlacht in Polen: śmigus dyngus

Wasserpistolen, Wasserbomben oder einfach Eimer – damit sind am Ostermontag viele Menschen in Polen unterwegs. Sie liefern sich eine riesige Wasserschlacht. Die Aktion wird „śmigus dyngus" genannt. Den Brauch soll es in Polen schon seit vielen Hundert Jahren geben. Woher er stammt, ist nicht ganz sicher.

Was war zuerst da, die Henne oder das Ei?

Wenn ein Huhn ein Ei gelegt hat, ist da ein werdendes Huhn drin – aber wo war das Huhn drin, das das Ei gelegt hat? In einem Ei.
Hä?
Huhn – Ei – Huhn – Ei oder
Ei – Huhn – Ei – Huhn ...
Verwirrung!

Was war denn nun zuerst da?
Gehen wir in der Geschichte der Menschheit ein paar Tausend Jahre zurück. So ungefähr bis ins Jahr 2500 vor Christus. Aus dieser Zeit nämlich stammen die ältesten Nachweise darüber, dass Menschen Hühner als Haustiere gehalten haben.

Das Bankivahuhn (auf Lateinisch „gallus gallus“) ist eins dieser frühen Hühner. Von ihm stammt auch unser heutiges Haushuhn (auf Lateinisch „gallus domesticus“) ab. Auch das Bankivahuhn hat schon Eier gelegt.

Also noch weiter zurück in die Vergangenheit: 135 Millionen Jahre, Kreidezeit. Aus dieser Zeit hat man in China viele versteinerte Eier gefunden. Eier, die von Dinosauriern gelegt wurden.

Und Dinosaurier haben immer schon Eier gelegt, auch schon vor 230 Millionen Jahren, als die ältesten Dinosaurier auftauchten. Damals gab es mit Sicherheit noch kein Huhn weit und breit. Deshalb kann man mit ziemlicher Sicherheit sagen:

Das Ei war VOR dem Huhn da.

Wie die Narzisse ihren Namen bekam

Eine Legende erzählt: Der Göttersohn Narziss war ein wunderschöner Jüngling, der von vielen Frauen und Männern bewundert und geliebt wurde.
Narziss aber mochte niemanden und wies sie alle zurück. Eines Tages erblickte er in einem See ein so schönes Gesicht, dass er sich gleich darin verliebte.
Lange starrte er ins Wasser, bis er merkte, dass es sein eigenes Spiegelbild war, das er sah. Voller Verzweiflung starb Narziss an dem See. An dieser Stelle wuchs später eine schöne Blume, die Narzisse.

Früher war die Narzisse ein Symbol für Selbstsucht und Eitelkeit. Heute begrüßen wir sie als Frühjahrsboten.

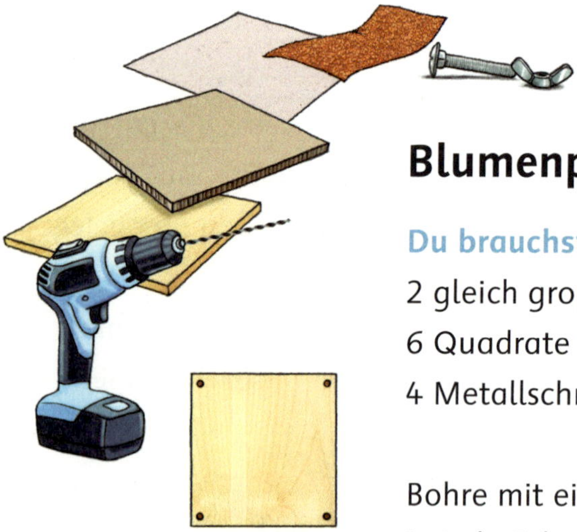

Blumenpresse

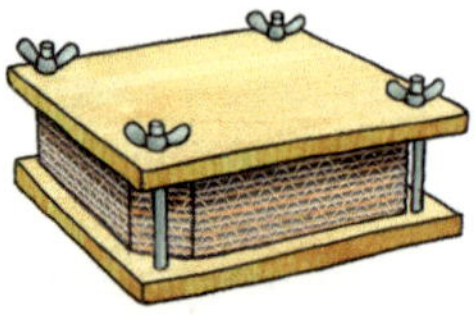

Du brauchst:
2 gleich große Holzplatten, Schmirgelpapier,
6 Quadrate Wellpappe, 10 Blätter Löschpapier,
4 Metallschrauben, 4 passende Flügelschrauben

Bohre mit einem dünnen Holzbohrer in jede Ecke der beiden Holzbretter ein Loch.

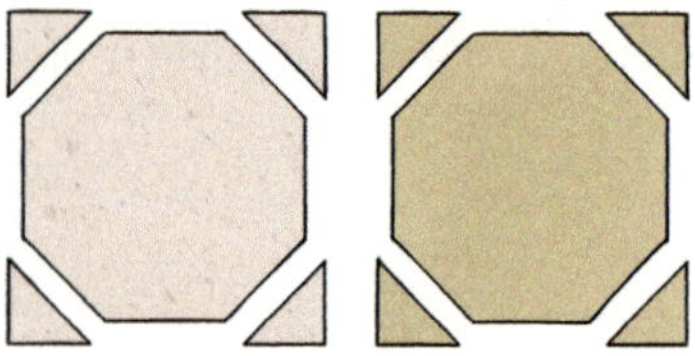

Schmirgle die Kanten glatt.

Schneide die Ecken der Wellpappen und Löschpapiere ab.

Die gepflückten Blumen liegen jeweils zwischen zwei Löschpapieren.

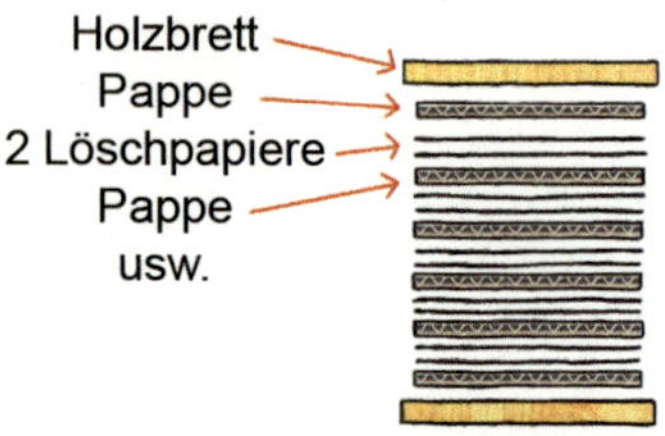

Zum Schluss werden die Schrauben eingesetzt.

Gepresste Blumen kannst du sammeln oder aufkleben oder anderen damit eine Freude machen, zum Beispiel zum Muttertag oder zum Vatertag.

S. 170 Textwerkstatt

FöKV 18, KV 40
Arbeitsheft Fördern, S. 43

Europa-Fahrradsong 

Text: Erika Leichert-Moja / Melodie: Erwin Kuna

Schau mal

Der Rauhe Berg

In einem Land gab es einen Berg. Jedem, der sich auf den Weg machte, um den Berg zu erklimmen, drohten unzählige Gefahren. Es gab Menschen, die lange nach ihrer Begegnung mit dem Berg noch merkwürdige Dinge sahen – überall! Das waren die Geschichten, die über den Rauhen Berg erzählt wurden.

Doch nicht jeder ließ sich durch die Erzählungen verängstigen. So kam ein Mann daher und stand schließlich am Fuße des Berges. Ein merkwürdiges kleines Schild empfing ihn: „Sieh, wenn du kannst."

Der Mann begann mit dem Aufstieg. Steil war der Weg, mühsam und beschwerlich. Und weil der Mann nichts anderes tun konnte, als stetig aufwärts zu steigen, begann er, die Kieselsteine unter seinen Füßen genauer zu betrachten.

S. 175 Textwerkstatt

Mit zunehmender Höhe schien sich die Farbe der Steine zu verändern. Als er sich an dieses Farbspiel gewöhnt hatte, entdeckte er gar, wie sich die Steine zu immer neuen Mustern anordneten. Aufmerksam schritt der Mann weiter voran und ließ dabei seinen Blick immer wieder über den Untergrund schweifen.

Einmal hatte er den Eindruck, als würden ganze Felsen nur aus Würfeln bestehen. Lag es am Gestein oder an seinem Blick? Sah er richtig oder falsch? Aber was würde das bedeuten?

Erneut wurde er von einem kleinen Schild empfangen, das den Blick auf sich zog: „Siehst du?“, war da zu lesen.

Doch bevor der Mann die Frage bedenken konnte, merkte er, dass der Pfad nun wieder deutlich zu sehen war. Er entdeckte sogar Stufen, die den Aufstieg erleichterten. Mit einem Male weitete sich der Horizont – und sein Blick wurde frei!

Text und Bilder: Einar Turkowski

Schnupper-Seite: Schau mal

Das Auge

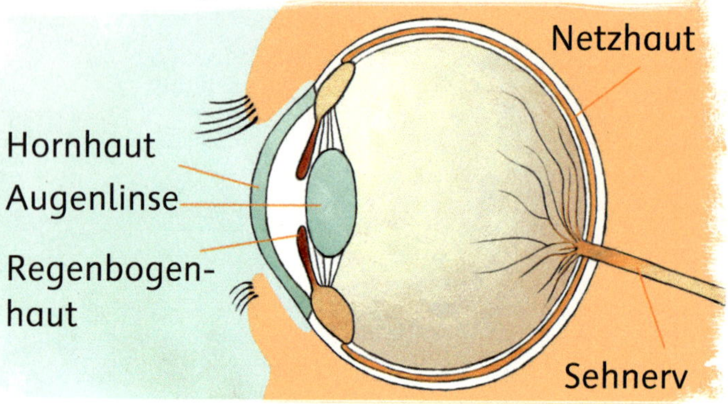

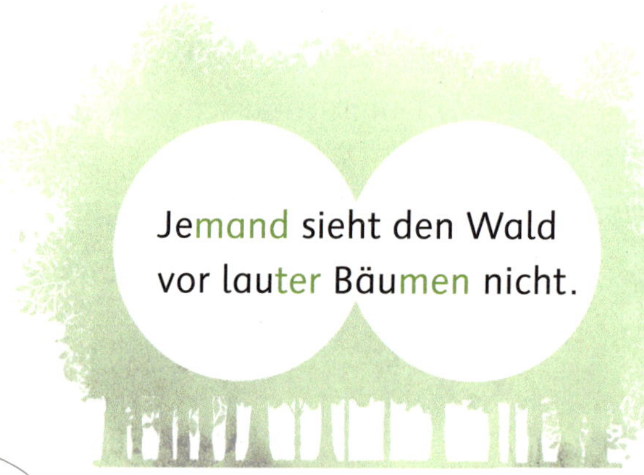

Welche Farben haben die Wörter?

Welche Wörter rührt die Maschine?

Lösung S. 207

FöKV 19, KV 42

Säule oder Kopf?

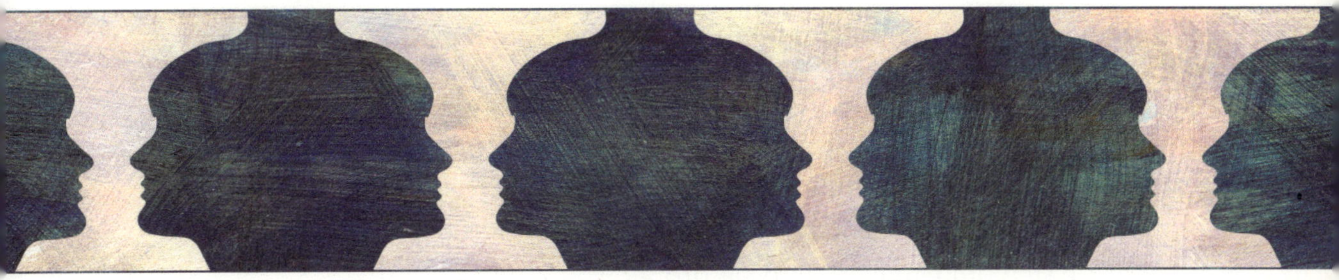

Manche Dinge kann man nur dann farbig sehen, wenn man die Augen fest geschlossen hat.

Zum Beispiel:
Eine tomatenblaue Krawatte.
Zwei grasrote Handschuhe.
Drei hochzeitskleidschwarze Autos.
Vier rote Sessel mit himmelbunten Punkten.
Fünf erdbeergoldene Hüte.
Sechs weiße Rappen.
Sieben dottergelbe Deutschlehrer.
Acht orangefarbene Kiwis.
Neun kiwigrüne Orangen.
Zehn zimtweiße Zitronen.

Wolfgang Mennel

Was siehst du noch mit geschlossenen Augen?

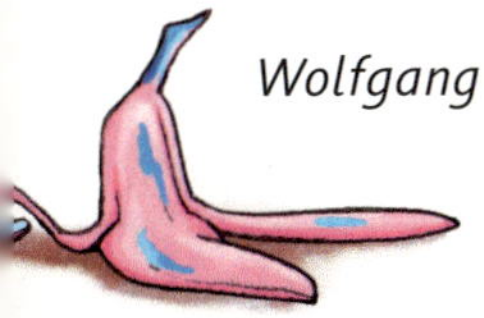

Man sieht nur
mit dem Herzen gut.
Das Wesentliche ist
für die Augen unsichtbar.

Antoine de Saint-Exupéry

Böse Augen sehen
nichts Gutes.

So sehen wir

Unsere Augen sind besonders empfindliche Organe. Lider und Wimpern schützen den Augapfel, die Tränenflüssigkeit hält ihn feucht und sauber. Die Tränendrüse gibt ständig Flüssigkeit ab.
Die Pupille, der kleine, schwarze Punkt in der Mitte des Auges, ist eigentlich ein Loch, durch das wir Farben und Formen, hell und dunkel und auch Bewegungen wahrnehmen. Die Pupille kann sich verändern: Ist es hell, verengt sie sich, im Dunkeln wird sie größer.

Doris Rübel

Das kann ich schon: Handeln von Figuren bewerten

Der Axtdieb

Es war einmal ein Mann, der konnte seine Axt nicht mehr finden.
Er dachte, dass sie jemand gestohlen hätte. Aber wer?
Der Mann überlegte und verdächtigte schließlich den Jungen von nebenan.

Der Mann sah sich den Jungen genau an und fand:
Der Junge sah aus wie ein Dieb.
Der Junge schaute wie ein Dieb.
Der Junge bewegte sich wie ein Dieb.

Am nächsten Tag fand der Mann durch Zufall seine Axt wieder, und zwar in seinem eigenen Schuppen.

Als ihm kurz darauf der Nachbarsjunge wieder begegnete, fand er:
Der Junge sah eigentlich ganz normal aus.
Er schaute und bewegte sich auch ganz normal.
Gar nicht wie ein Dieb.

Chinesisches Märchen

Was ist länger? Was ist größer?

Betrachte erst die Bilder.
Lies danach die Texte.

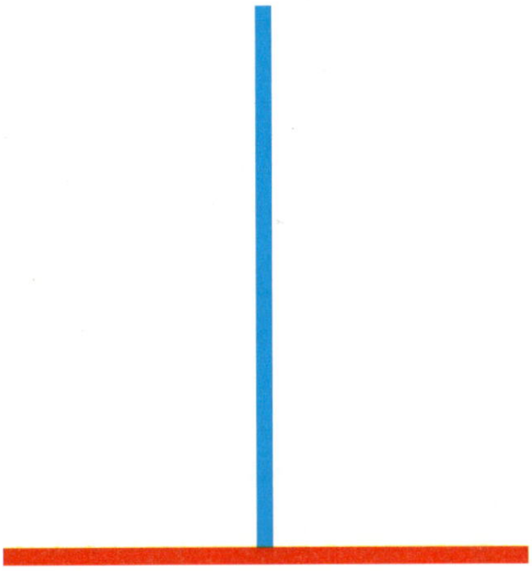

Beide Linien sind gleich lang, obwohl die blaue, senkrechte Linie länger erscheint.
Eine Erklärung ist, dass dein Sichtfeld deutlich breiter ist, als es hoch ist.
Das Sichtfeld ist der Bereich, den du siehst, ohne die Augen zu bewegen.
Zum Ausgleich schätzt das Gehirn die senkrechte (blaue) Linie länger ein als die waagerechte (rote) Linie.

Die blauen Kreise sind gleich groß! Das Gehirn vergleicht Dinge mit ihrer Umgebung, um ihre Größe einzuschätzen. Daher erscheint ein von kleinen Kreisen umgebener Kreis größer als einer, der von großen Kreisen umgeben ist.

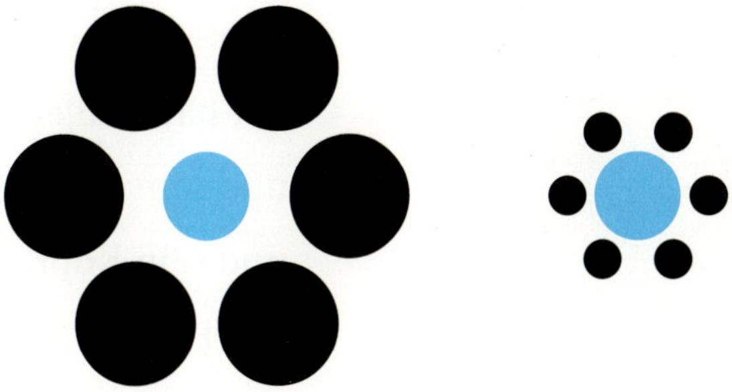

Der Finger-Trick

Halte einen Finger vor deine Nase und schließe ein Auge. Öffne das Auge wieder und schließe das andere Auge. Schließe und öffne beide Augen abwechselnd. Was siehst du?

Dein Finger springt hin und her. Dabei hast du ihn gar nicht bewegt. Dein rechtes Auge nimmt rechts von deinem Finger einen größeren Bereich wahr. Dein linkes Auge sieht links mehr im Raum. Weil die Bilder aus verschiedenen Blickwinkeln stammen, glauben wir: Der Finger springt.

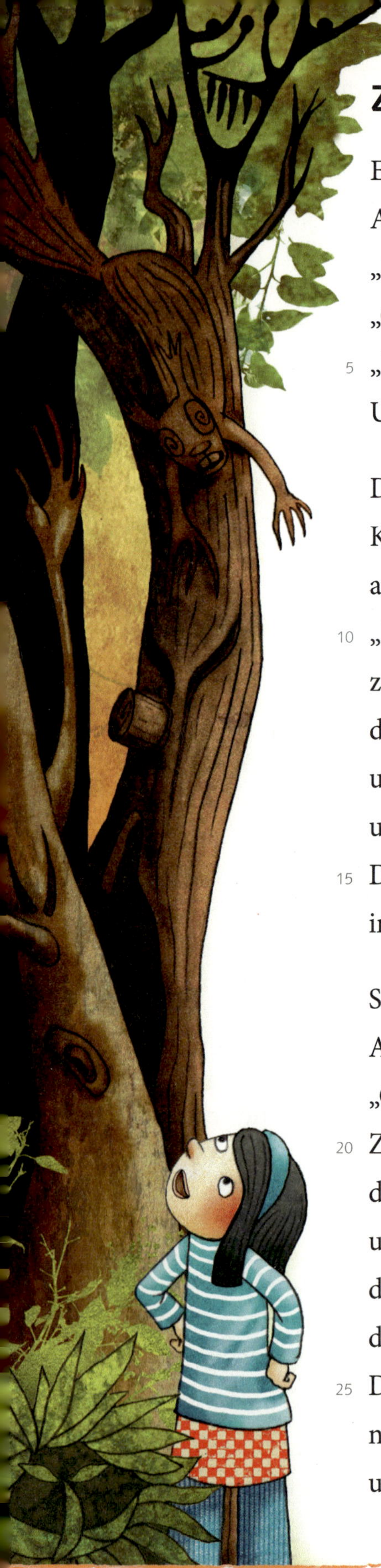

Zarah

Es waren einmal vier Freundinnen und eine Freundin dazu. Anke, Berit, Cordula, Dorothea und Zarah. „Heute gehen wir in den Wald“, sagte Dorothea. „Oder hast du etwa Angst, Zarah?“, fragte Anke. „Kommst du mit oder nicht?“, wollte Dorothea wissen. Und Zarah sagte: „Ich komme mit!“

Der Wald war ein düsterer Ort mit uralten Bäumen. Kaum waren sie hundert Meter gegangen, flitzte etwas Kleines an ihnen vorbei. „Hast du das gesehen, Zarah?“, fragte Anke und zeigte nach oben. „Das war der gefürchtete Baumtroll Ogill, der hat Krallen bis hierhin und Haare bis dahin und sein Hintern ist genau dort, wo sein Kopf sein sollte, und sein Kopf, wo sein Hintern sein sollte.“ Die Freundinnen machten *Ihh* und *Ähh*, und Zarah schaute in die Bäume und machte überrascht *Ach*.

Sie kamen an eine Brücke, unter der ein modriger Bach verlief. Aus dem Schlamm schaute eine Kröte hervor. „Oho, jetzt ist es vorbei“, sagte Berit, „hast du das gesehen, Zarah, da im Bach, diese komischen Augen? Die gehören dem Schlammfresser Feggel. Feggel hat hier zwei Augen und dann noch mal zehn Augen, die alle auf seiner Zunge drauf sind, und wenn er seine Zunge rausstreckt und dich ansieht, dann bist du verloren.“ Die Freundinnen rannten kichernd über die Brücke, nur Zarah schaute auf den Bach und das Wasser hinunter und machte *Ach*.

Dorothea wollte weitergehen, als direkt vor ihr ein kleiner Hügel entstand. Dunkle Erde stieg auf, dann guckte kurz ein Kopf heraus, schaute blind von links nach rechts und verschwand erschrocken, als die vier Freundinnen anfingen zu kreischen. „Puh, das ist ja noch einmal gut gegangen, Zarah“, sagte Cordula danach und drückte sich die Hand aufs Herz, „da hast du aber Glück gehabt, dass wir bei dir waren, wer weiß, wohin dich der Erdteufel Lappowick verschleppt hätte. Wenn der Erdteufel riecht, dass jemand über ihm läuft, dann SCHIEẞT er aus der Erde und SCHNAPPT dich.“ Zarah trat näher an das Erdloch heran und berührte es mit ihrem Schuh. „Jetzt ist er weg“, sagte Dorothea und trat mit beiden Füßen in den Erdhaufen, „jetzt brauchst du keine Angst mehr zu haben, Zarah.“ Die vier Freundinnen machten den Erdhaufen platt, und Zarah stand daneben und wunderte sich.

Ganz schleichend brach die Dämmerung herein. Die Schatten im Wald wurden länger und dichter. Von jedem Baum und jedem Gebüsch, aus jedem Erdloch und sogar von den Grashalmen kam ein Knacken und Rascheln. „Was für ein Glück, dass du hier nicht alleine bist“, sagte Dorothea zu Zarah und rückte mit ihren Freundinnen zusammen, „denn wenn man hier alleine ist, dann ist man verloren und …“

Dorothea verstummte, selbst der Wald verstummte für einen Moment. Die Freundinnen hielten die Luft an, dann erklang ein Meckern, und vier Schafe liefen hintereinander über den Weg. Erst als die Schafe weg waren, atmeten sie wieder aus, und Dorothea sprach flüsternd weiter: „… das da eben war der gefährliche Lindwurm Raskoff. Er hat fünf Köpfe und zwanzig Beine und schleicht durch die Wälder und frisst alles, was auch nur atmet. Und wenn wir nicht gewesen wären, dann hätte dich der Lindwurm bestimmt gefressen.“ „Ach“, sagte Zarah und schaute neugierig den Schafen hinterher.

Etwas regte sich in den Baumkronen, dann wischte ein Schatten durch die Luft, und ein schrilles Fiepen war zu hören. Zarah schaute hoch. Eine der Fledermäuse flog so nahe an ihrer Nase vorbei, dass Zarah niesen musste. „Oh, arme Zarah, jetzt ist es um dich geschehen“, sagte Dorothea. „Die blutrünstige Vampirin Kattinka ist hinter dir her und will dich leer saugen“, zischte Cordula. „Sie hat zwei nadelscharfe Zähne im Mund und ganz feine Ohren, die auf tausend Meter jeden Herzschlag hören“, drohte Berit. Zarah schaute hoch und wollte eben *Ach* sagen, als eine Fledermaus Kurs auf Dorotheas Kopf nahm. Die vier Freundinnen rannten wie wild davon. Sie rannten und rannten.

Zarah blieb allein im Wald zurück. Sie spazierte aus dem Wald heraus und erreichte ihr Zuhause spät in der Nacht. Aber das machte nichts, denn überall brannten Lichter in den Fenstern. Zarah wusste, dass immer jemand da war, wenn sie nach Hause kam.

Zarah trat durch die Tür. Von der Decke hing der Lindwurm Raskoff. Seine fünf Köpfe drehten sich und er kraulte ihr zur Begrüßung mit seinen Krallen den Rücken.

„Hallo, Zarah“, sagte er.

Am Grammofon stand der Erdteufel Lappowick und lauschte einer Platte. Er bleckte seine spitzen Zähne und ließ seine goldene Zunge sehen.

„Hallo, Zarah“, sagte er.

Der Schlammfresser Feggel ließ für Zarah ein dampfendes Bad ein.

„Hallihallo, Zarah“, sagte er.

Vor dem Kamin hockte der Baumtroll Ogill und hatte ein feines Feuer entfacht, damit Zarah sich wärmen konnte.

„Hallo, Zarah“, sagte er.

Im selben Moment kam die Vampirin Kattinka aus der Küche geflogen.

„Wo bist du nur gewesen?“, fragte sie.

„Ich war mit meinen Freundinnen im Wald“, antwortete Zarah und zog sich die Schuhe aus.

Zoran Drvenkar

Wen sieht Zarah im Wald?

Augen

Es gab eine Zeit, da hatte alles noch Augen, sogar die Steine, das Wasser, das Moos. Und nicht nur die Ziegen, auch der Ziegenkot, der darum heute noch rund ist. Alles hatte Augen, alles schaute, nichts war zu sehen.

Dann ging zum ersten Mal die Sonne auf. Ihr Licht war so hell, dass sich alle Augen schlossen, und die meisten blieben für immer zu. Die Augen der Tiere und der Menschen aber öffneten sich wieder. Sie blinzelten. Sie sahen, dass es jetzt etwas zu sehen gab. Die ganze Gegend war mit Dingen vollgestellt. Ein Gewimmel – es wurde einem fast übel dabei. Rüssel, Schnauzen und Schnäbel, Pfoten und Hufe. Kurz: Was die Augen der Tiere und Menschen sahen, war ein großes Durcheinander. Wer würde das alles aufräumen?

Es gab eine dunkle Zeit, da hatte alles noch Augen. Überreste beweisen es: die Augen der Pfauenfedern, die Hühneraugen unserer Zehen, die Fettaugen, die auf der Suppe schwimmen.

Jürg Schubiger

Der Strand

Unglaublich, wie groß das Meer ist.

Die ersten Menschen gingen nicht allein an den Strand, sondern sie fragten andere, ob sie auch mitkämen. Dann fassten sie sich an den Händen und gingen zusammen zum Meeresufer. Zu zehnt müssen wir mindestens sein, sagten sie, damit wir das Meer sehen können. Einer allein schafft es nicht.

Franz Hohler

Gelb schmeckt nach Senf

Für Thomas schmeckt die Farbe Gelb nach Senf, und sie ist so weich wie der Flaum von Küken. Die Farbe Rot ist so süß wie eine Erdbeere und so saftig wie die Wassermelone, und sie tut weh, wenn sie aus seinem abgeschürften Knie quillt. Die Farbe Braun raschelt unter seinen Füßen, wenn die Blätter vertrocknet sind. Manchmal duftet sie nach Schokolade, und manchmal riecht sie sehr schlecht. Thomas sagt, dass Blau die Farbe des Himmels ist, wenn die Sonne seinen Kopf wärmt. Aber der Himmel wird weiß, wenn die Wolken beschließen, ihn zuzudecken, und es zu regnen beginnt. Wasser allein ist für Thomas nichts Besonderes. Es hat weder Farbe noch Geschmack noch Geruch. Er sagt, dass die Farbe Grün nach frisch gemähtem Gras duftet und nach Pfefferminzeis schmeckt. Schwarz ist die Königin der Farben. Sie ist so weich wie Seide, wenn seine Mama ihn umarmt und mit ihren Haaren umhüllt. Thomas mag alle Farben, weil er sie hören, riechen, fühlen und schmecken kann.

Menena Cottin

Freizeit

Vier Wochen Glück

„Was machen wir denn nun mit dem Zeitfenster am Montag zwischen vier und sechs?“, fragte Mama. „Zeitfenster“ sagte sie. Als ob in der Zeit eine Mauer wäre. Und in der Zeitmauer geht ein Fenster auf. Es ist nur von vier bis sechs auf, und dann schlägt es – zack – wieder zu.

„Äh … ich könnte montags mit zu Salome gehen und … äh … mit ihr Mathe üben“, sagte ich. „Sie … ist nämlich sehr gut in Mathe.“

„Ach so“, hat Mama gesagt, „deswegen hast du die letzte Mathearbeit so gut geschrieben. Na dann …“

Ich habe genickt und mein eifriges Gesicht gemacht.

So bin ich von da an immer montags nach der Schule mit zu Salome gegangen. Wir freuten uns schon die ganze Woche auf den Montag. Wir machten unsere Hausaufgaben an Salomes großem Küchentisch. Wir dachten uns Geschichten aus. Wir gingen mit Coco spazieren. Coco ist Salomes Hund, er ist klein und schwarz und so süß!

Manchmal gingen wir auch auf den Spielplatz direkt vor Salomes Haus, obwohl wir ja eigentlich zu groß für Spielplätze sind. Wir hängten uns mit den Köpfen nach unten ans Klettergerüst und stellten uns vor, dass wir in einer Welt leben, wo alles auf dem Kopf steht. Es war, als ob ich in einer Glücksblase durch die Welt schwebte.

Aber dann ist sie geplatzt. Am Mittwoch nach dem Ballett hat Frau Riotte gesagt, wir müssen ab jetzt auch noch montags kommen. Den ganzen Nachmittag. Montags! An unserem Salome-Lisa-Tag! Wir haben in acht Wochen eine Aufführung, hat Frau Riotte gesagt, dafür müssen wir üben. Und wer am Montag nicht kommt, der darf nicht mittanzen bei der Aufführung.

Am Abend habe ich gleich mit Mama gesprochen und ihr erklärt, dass ich am Montag keine Zeit habe! Weil ich mich doch da mit Salome treffe! Ich habe Mama gezeigt, dass meine Schultern ganz rund werden, wenn ich nur an Ballett denke. Als ob da ein Sack Kartoffeln draufliegt.

Aber Mama hat gesagt, was man einmal angefangen hat, das zieht man auch durch. Das wäre jetzt meine große Chance, hat Mama gesagt und gestrahlt, und ich würde sehen, wie toll das wäre, auf der Bühne zu stehen. Alle würden klatschen und dann würde ich so froh sein! Aber ich wollte jetzt froh sein, und ich war nicht froh.

Text: Andrea Schomburg
Bilder: Dorothee Mahnkopf

Schnupper-Seite: Freizeit

Klettergerüst

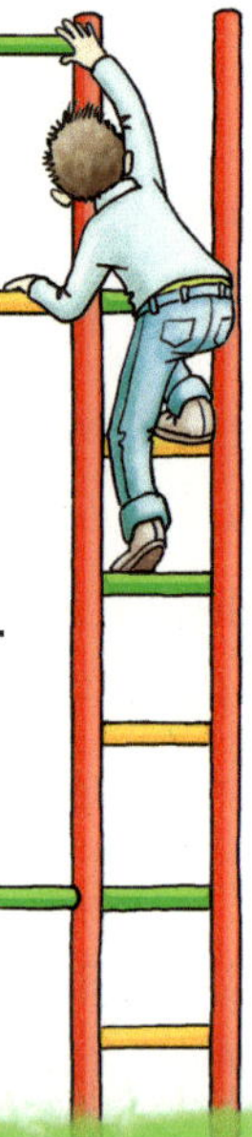

Obenrauf und obenher,
einmal kreuz und einmal quer,
obendrüber obendrein
kann ja nicht so schwierig sein.
Erst mal oben durch und dann
fang ich wieder unten an.

Regina Schwarz

Das Spiel „Mensch ärgere Dich nicht“ wurde von Josef Friedrich Schmidt im Winter 1907/1908 für seine Kinder erfunden. Seither geht das Spiel um die Welt. Die Sondermarke erinnert daran.

Was mir gefällt

Mit Vater Kuchen backen,
mit Mutter Rätsel knacken,
auf dem Karussell fahren,
ein Geheimnis bewahren,
Muscheln und Steine zählen,
die Farben wählen,
beim Spiel verweilen,
Kummer und Freude teilen,
Unsinn treiben
und Geschichten schreiben.

Max Bolliger

Welche Wörter pustet die Maschine?

S. 184 Textwerkstatt
Lösung S. 207

Wolkenschloss

Ein Wolkenschloss baun.
Erst eine Wolke vom Himmel klaun.
Als Baugrund.
Und Wolkensteine haun.
Dann mauern
mauern
mauern
mauern
mauern
(das kann dauern)
mauern
mauern
mauern,
Fensterbrett
Fen ster
Fen ster
Fen ster
Fensterbogen
schön gezogen
mauern
mauern
mauern
mauern
(das kann dauern)
Türmchen
Türmchen
Türmchen
Lange Dachrinne mit Regen drinne
Balken für das Wolkendach
Schindeln rot und flach
Spatz aufs Dach
Ach!

Dach unten, das ist dumm,
Wolkenschloss
geht anders rum!

Wolfgang Buschmann

Tolle Hobbys in aller Welt

James aus Haiti

Auf einem Bein, das andere angewinkelt und die Arme gerade nach oben gestreckt, das wäre für viele eine ganz schön wackelige Haltung. Für James ist das nur eine von vielen Posen, denn Ballett ist seine große Leidenschaft. Weil James so begabt ist, braucht er für den täglichen Tanzunterricht nichts zu bezahlen.

Santino aus Argentinien

Das Glück dieser Erde liegt für Santino auf dem Rücken der Pferde. Santino kann nicht hören, nicht sprechen und kaum gehen. Sein besonderes Talent ist das Voltigieren. Das macht ihm so schnell keiner nach: Freihändig, mit ausgebreiteten Armen kniet er auf einem riesigen Pferd und trainiert noch andere Kunststücke.

S. 170 S. 176 Textwerkstatt

KV 49
Arbeitsheft Fördern, S. 48

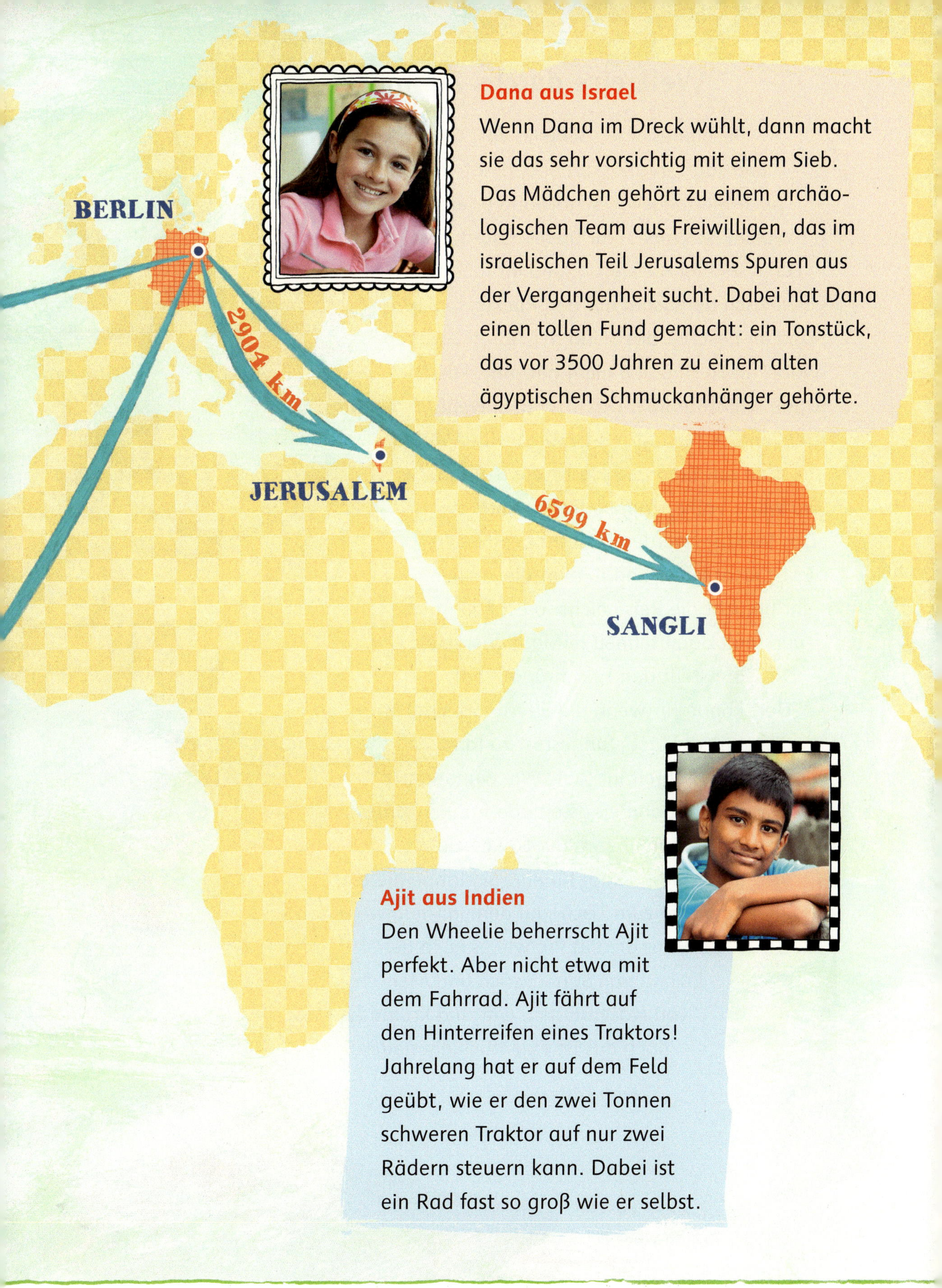

Dana aus Israel

Wenn Dana im Dreck wühlt, dann macht sie das sehr vorsichtig mit einem Sieb. Das Mädchen gehört zu einem archäologischen Team aus Freiwilligen, das im israelischen Teil Jerusalems Spuren aus der Vergangenheit sucht. Dabei hat Dana einen tollen Fund gemacht: ein Tonstück, das vor 3500 Jahren zu einem alten ägyptischen Schmuckanhänger gehörte.

Ajit aus Indien

Den Wheelie beherrscht Ajit perfekt. Aber nicht etwa mit dem Fahrrad. Ajit fährt auf den Hinterreifen eines Traktors! Jahrelang hat er auf dem Feld geübt, wie er den zwei Tonnen schweren Traktor auf nur zwei Rädern steuern kann. Dabei ist ein Rad fast so groß wie er selbst.

Arbeitsheft Fördern, S. 49

Weltreise durchs Zimmer

Ihr bindet einen Schleier vors Gesicht
und sagt, ihr müsstet unbedingt verreisen
nach Madagaskar, Schottland oder Meißen.
Wohin, ist Wurst. Nur bleiben dürft ihr nicht.
Dann seid ihr reisefertig, und ihr müsst
den Tisch behutsam auf den Rücken legen.
Und ihr besteigt das Schiff der Abfahrt wegen,
wobei ihr Hertha, die nicht mitfährt, küsst.
Dann schifft ihr fort. Das Tischtuch weht im Wind.
Der Teppich schlägt mit Herthas Hilfe Wellen.
Ihr stoßt auf Rom und kreuzt die Dardanellen,
wo wilde Völkerstämme üblich sind.
Das Seekrankwerden lasst ihr besser sein.
Es ist nicht leicht und ruiniert die Sachen.
Ihr braucht die Reise nicht so echt zu machen
und lauft dann schnell in Madagaskar ein.
Das Sofa stellt den Felsenrücken dar.
Dort könnt ihr (wenn die Eltern fort sind) stranden,
sonst ist es klüger, ungestört zu landen.
Am Ufer schreit ihr laut: Wie wunderbar!
Wenn ihr dann eine Zeitlang fröhlich wart,
vom Schrank herab auf Löwen zieltet
und Mutters Zopf für eine Schlange hieltet,
geht ihr zum Tisch, auf dem ihr heimwärts fahrt.
Zu Haus erzählt ihr, wie es euch gefiel:
Erzählt von Sonnenstich und Menschenfressern,
von Nasenringen, Gift und krummen Messern –
doch das ist eigentlich ein neues Spiel!

Erich Kästner

Welche Fantasiereisen hast du schon gemacht? An welchen Orten bist du schon gewesen?

Heute gehen wir die Wände hoch

Einfach mal an die Decke gehen?
Die Wand hochklettern wie Spiderman?
Kein Problem für Ashima und Luisa. Die beiden gehen heute in die Kletterhalle. Dort sind sie zu einem *Boulder*-Schnupperkurs angemeldet. *Bouldern* ist noch einfacher als klettern. An farbigen Griffen ziehen sich die Mädchen aus eigener Kraft hoch und klettern geschickt am Kunstfelsen entlang. Ashima versucht, auch die roten Griffe zu benutzen. Luisa hat sich für die leichtere Kletterstrecke entschieden. Es ist ein superstarkes Gefühl, wenn man eine lange Grifffolge geschafft hat, ohne den Boden zu berühren. Für das *Bouldern* ist keine Sicherung am Seil notwendig. Und wenn Spider-Ashima doch mal abrutscht, landet sie weich auf einer dicken Matte.

Das packen Ashima und Luisa ein:
bequeme Kleidung und Hallenturnschuhe,
Haargummi für Luisas lange Haare,
Einverständniserklärung der Eltern.

Boulder ist englisch und heißt übersetzt „Felsbrocken“. Gemeint sind hier Felsblöcke oder künstliche Wände, an denen man klettert und die nie höher als ein paar Meter sind.

Fünfmal staunen über Spielen

1. Der Spieltrieb ist uns angeboren – und macht schlau: Kinder und junge Tiere lernen so am leichtesten, sich selbst und ihre Umwelt zu entdecken.

2. Das vielleicht älteste Brettspiel der Welt heißt „Mehen“: Es wurde vor rund 5000 Jahren in Ägypten erfunden und sah aus wie eine aufgerollte Schlange. Ziel war es, Spielfiguren möglichst fix vom Schwanzende zum Kopf zu bringen – oder umgekehrt.

3. Runde Sache: Nach einer Umfrage des Deutschen Kinderhilfswerks nennen die meisten Kinder in Deutschland als Lieblingsspielzeug den Ball. Konsole, Computer und Smartphone kommen erst auf Platz zwei.

4. Astronauten spielen gern Monopoly: Die Nasa besitzt weltraumtaugliche Sonderanfertigungen mit Aluminium-Häusern und nicht brennbarem Papiergeld.

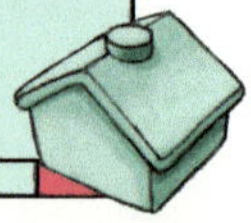

Wo findet ihr noch mehr zum Thema Kinderrechte? Sucht in den Kapiteln „Das bin ich“ und „Medien“.

5. Spielen ist euer gutes Recht! Das steht in der Kinderrechtskonvention der Vereinten Nationen, die das Spielen zum Menschenrecht aller Kinder erklärt.

KV 51
Arbeitsheft Fördern, S. 50

Oware

Das Brettspiel Oware ist ein sehr altes Strategiespiel aus Afrika und unter vielen verschiedenen Namen und mit vielen verschiedenen Spielregeln bekannt.

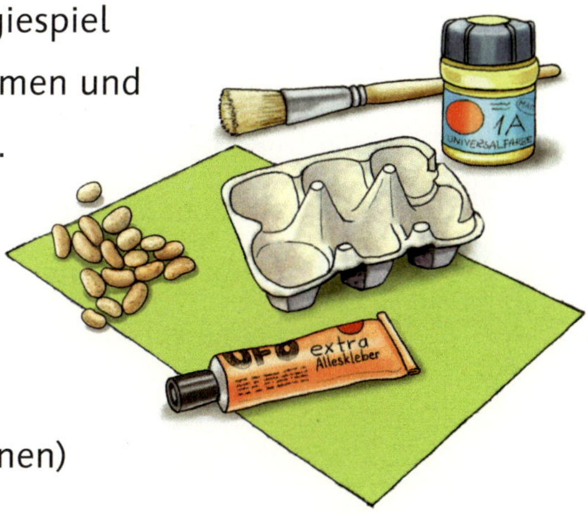

Du brauchst:

2 Eierkartons für je sechs Eier (ohne Deckel),
1 Fotokarton (DIN A4), Klebstoff, Farben,
48 gleich große Spielsteine (zum Beispiel Bohnen)

Vorbereitung:

1. Male die Eierkartons bunt an. Lass sie trocknen.
2. Klebe beide Eierkartons hintereinander auf den A4-Karton, sodass ein Spielfeld aus zwei Reihen mit je sechs Kuhlen entsteht.
3. Lege in jede Kuhle vier Spielsteine.

Spielregeln:

Zwei Kinder sitzen sich gegenüber und stellen das fertige Oware-Spiel in die Mitte. Jedem Kind gehören die sechs Kuhlen, die vor ihm liegen.
Ein Kind nimmt alle vier Steine aus einer beliebigen eigenen Kuhle und verteilt sie einzeln gegen den Uhrzeigersinn auf die folgenden Felder.
Das Kind darf die Kuhle, in der der letzte Stein landet, erneut leeren und die Steine weiterverteilen. Der Zug des ersten Kindes ist beendet, wenn der letzte Stein in einer freien Kuhle landet. Ist es eine eigene Kuhle, bekommt das Kind die Steine aus der Kuhle gegenüber und den zuletzt gelegten Stein aus der eigenen Kuhle. Landet der letzte Stein in einer leeren Kuhle des Mitspielers, gewinnt das Kind in dieser Runde keine Steine.
Gewonnen hat, wer mehr als 25 Steine gesammelt hat.

Der 7. Sonntag im August

Ich wache auf. Vom Wecker? Nein. Was da läutet, sind die Kirchenglocken. Am Montag? Seit wann läuten montags die Glocken?

Ist irgendein besonderer Tag heute, wenn man mal davon absieht, dass die Schule wieder anfängt? Nicht dass ich wüsste.

Ich schaue auf meinen Wecker und bekomme einen Schreck.

Wir haben verschlafen! Es ist schon neun Uhr!

Es gibt nichts Schlimmeres, als zu spät zu kommen, erst recht am ersten Schultag nach den großen Ferien. Was wird Herr Frohriep, unser Klassenlehrer, sagen? Er hat so eine Art, eine Augenbraue hochzuziehen, wenn man was falsch macht. Ich höre ihn schon: „Verschlafen hast du, soso? Na, das fängt ja gut an!“

Ich springe aus dem Bett: Wieso liegt da eine dicke weiße Wollfluse auf dem Teppich? Hab ich die nicht gestern weggesaugt? Egal, ich hab andere Sorgen.

„Mama! Papa! Aufstehen!“, rufe ich. „Wir haben verschlafen!“

Ich stürze ins Bad und greife nach der Zahnbürste.

„Mama!“

Papa streckt seinen Kopf aus der Schlafzimmertür.

„Freddy? Was machst du denn für einen Radau? Wir schlafen noch!“

„Das hab ich gemerkt. Hast du mal auf die Uhr gesehen?“

Ich schlüpfe in meine Turnschuhe, zum Zubinden ist keine Zeit mehr.

Wo ist die blöde Schulmappe? Ich hatte sie doch gestern Abend neben die Tür gelegt.

„Papa, unterschreib mein Zeugnis, schnell!“

„Ist doch erst kurz nach neun. Was soll diese Hektik am heiligen Sonntag?“

„Sonntag?“ Ich starre Papa fassungslos an. „Heute ist doch nicht Sonntag! Gestern war Sonntag!“

Mama erscheint. „Du bist aber früh dran, Freddy. Möchtest du auch einen Tee?“

Ich verstehe die Welt nicht mehr. „Ich muss zur Schule, Mama!“

Mama kommt zu mir und legt mir die Hand auf die Stirn.

„Geht’s dir nicht gut, mein Schatz?“

Mir geht’s wirklich nicht gut, irgendwie ist mir schwindelig.

„Aber Sonntag war doch gestern“, wiederhole ich.

„Gestern war Samstag“, sagt Mama. „Wir sind auf den Markt gegangen, haben Wachteln für Papas Menü gekauft …“

„Die Wachteln sind verbrannt“, sage ich leise.

„Verbrannt! Von wegen! Mir ist noch nie was verbrannt!“

Papa macht den Kühlschrank auf und holt ein Päckchen heraus.

Er schlägt das Papier auseinander. Da liegen sie – vier Wachteln.

Ich lasse mich auf einen Küchenstuhl fallen.

Ich hab mal einen Film gesehen, da ging es um irgendein dickes Murmeltier und darum, dass ein Mann jeden Morgen aufwachte und es war immer der gleiche Tag. Aber das war ein Film. So was passiert doch nicht in echt! Mir ist ganz komisch, so als ob sich alles drehen würde.

Sonntag, Sonntag, immer wieder Sonntag!, hämmert es in meinem Kopf.

Werde ich jetzt verrückt?

Sabine Ludwig

Medien

Das ist ein Buch!

Was hast du denn da?

Das ist ein Buch.

Und wie scrollst du vor und zurück?

Ich scrolle überhaupt nicht.

Ich schlage die Seiten um. Das ist ein Buch.

Kannst du damit bloggen?

Nein – das ist ein Buch.

Kannst du mit den Figuren kämpfen?

Nö. Das ist ein Buch.

Kannst du damit simsen?

Nein.

Twittern?

Nein.

WLAN?

Nein.

Kannst du das hier?

Nein … das ist ein Buch.

S. 180 Textwerkstatt

Die Bilder erzählen die Geschichte weiter.

Schau mal her!

»Arrrrrrrr«,
knurrte Long John Silver, »wir verstehen uns also richtig?«
Er zog sein funkelndes Entermesser aus der Scheide und lachte wie ein Verrückter:
»Ha! Ha! Ha!«
Jim war wie versteinert.
Das war's also.
Plötzlich sah er am Horizont ein Schiff auftauchen!
Ein breites Grinsen zog über das Gesicht des jungen Burschen.

Was kann das Buch noch?

Braucht es ein Passwort?

Nein.

Braucht es einen Nickname?

Nein.

Das ist ein Buch!

Text und Bilder: Lane Smith

Schnupper-Seite: Medien

Hinweis:
Das neue Computerspiel
„Level 4: Die Stadt der Kinder"
kann jetzt im Computerraum
gespielt werden.
Wenn es Fehler beim Laden gibt,
hilft Herr Schlüter.

Buchempfehlung der Redaktion:
Die Schatzinsel
von Robert L. Stevenson

Das sagt unsere Redaktion dazu:

Eine Ausgabe für Kinder ist im Verlag Arena erschienen.
„Die Schatzinsel" gibt es auch als Film und als Hörspiel.

Tim: Eines der besten Bücher, das ich je gelesen habe! Es war spannend und richtig fesselnd.

Antia: Als ich das Hörbuch gehört habe, war es so, als wär ich auch mit auf dem Schiff gewesen!

Meret: Besser als jedes Computerspiel. Von mir kriegt das Buch fünf Sterne! ★★★★★

Redaktion *Regenbogenpost* sucht neue Mitglieder!
Sammelst du gerne Informationen zu einem Thema, das dich interessiert?
Schreibst du gerne Texte?
Dann komm in die Redaktion der *Regenbogenpost*!
Wir suchen noch Mitglieder für die neue Ausgabe unserer Schülerzeitung.
Treffpunkt: jeden Donnerstag, 5. und 6. Stunde, im Medienraum
Informationen bei Tim und Meret (Haiklasse, 4a) oder bei Frau Brokamp.

Kinder- und Familienfest zum Weltkindertag

20. September von 11 bis 18 Uhr
im Sportpark Gundelsheim

Programm auf drei Bühnen mit der Musikschule, Kindertanzgruppen, den Music-Kids und vielen Bands! Hüpfburg, Schatzsuche, Bastelangebote …

Regenbogenpost vor Ort:

Besuch in der neuen Kinderbuchhandlung Lese-Zeit

Regenbogenpost: Frau Lachner, Sie haben gerade die neue Kinderbuchhandlung Lese-Zeit eröffnet. Warum eine Buchhandlung nur für Kinder und Jugendliche?

Frau Lachner: Mir ist es wichtig, Kinder und Jugendliche für gute und spannende Bücher zu begeistern und sie mit Lesestoff zu versorgen. Hier gibt es aber nicht nur Bücher, es finden auch Lesungen statt.

Regenbogenpost: Haben Sie ein Lieblingskinderbuch?

Frau Lachner: Das Buch „Hilfe, mein Lehrer geht in die Luft!“ von Sabine Ludwig fand ich richtig spannend. Ich wusste wirklich nicht, ob der komische Lehrer Dr. Dr. Witzel etwas Gutes oder etwas Böses im Schilde führt.

Regenbogenpost: Vielen Dank für das Interview, Frau Lachner.

Welche Wörter schüttelt die Maschine?

Lösung S. 207

Computer-Glossar

Blog: kurzes Wort für Web und Logbuch.
Web ist der englische Begriff für Netz: Gemeint ist hier das Internet; ein Logbuch ist eine Art Tagebuch.
bloggen: im Internet ein Tagebuch schreiben

Chat: Unterhaltung im Internet
chatten heißt so viel wie sich im Internet „unterhalten“ oder „quatschen“. Im Internet gibt es virtuelle Räume, die Chatrooms. Dort könnt ihr miteinander chatten. Von eurem Computer zu Hause schreibt ihr, was ihr einander mitteilen möchtet.

Nickname heißt übersetzt „Spitzname“. Im Internet solltest du dir einen Spitznamen oder Fantasienamen geben und nicht deinen richtigen Namen nennen, um deine eigenen Daten zu schützen.

scrollen ist der englische Ausdruck für das Verschieben von Texten oder Bildern auf dem Bildschirm, zum Beispiel mit den Pfeiltasten oder dem Scrollrad der Maus.

simsen: eine SMS schreiben. SMS ist die Abkürzung für
S = short M = message S = service

surfen kommt von surf für „Brandung“ und meint das Gleiten auf einer Wasserwelle. Wenn du im Internet surfst, klickst du dich von Seite zu Seite.

twittern bedeutet „zwitschern“. Wer twittert, veröffentlicht kurze Nachrichten auf speziellen Internetseiten.

virtuell bedeutet, dass etwas nicht wirklich da ist, zum Beispiel ist ein Chatroom kein echter Raum.

WLAN: Wireless Local Area Network heißt wörtlich „drahtloses lokales Netzwerk“. Statt mit einem Kabel werden die Signale per Funk übertragen. In manchen Ländern sagt man nicht WLAN, sondern Wi-Fi.

Das Spiel beginnt

Endlich war Ben zu Hause. Heute hat er das neue Computerspiel von seinem besten Freund bekommen. Ben hat es gegen das neue Sporttrikot, das er von seiner Oma geschenkt bekommen hatte, eingetauscht.

Er rannte in sein Zimmer, schmiss die Schultasche in die Ecke und nahm die CD-ROM aus der Hülle. Seine Hände zitterten, teils vor Aufregung, teils, weil er den ganzen Weg gerannt war. Dann schaltete er den Computer ein. Der Bildschirm flackerte. Ein kurzes Piepsen. Ben begann das Spiel zu installieren. Schließlich meldete der Bildschirm:

DIE STADT DER KINDER

Das Superabenteuerspiel der Computergames GmbH

„Mach schon!“, brüllte Ben den Computer an. Endlich zeigte der Bildschirm eine Einkaufsstraße. In der unteren linken Ecke stand die Figur, die Ben mit dem Joystick bewegen konnte. Er probierte die Bewegungsabläufe aus: links, rechts, nach vorn, nach hinten. Gut, es konnte losgehen. Also Joystick nach vorn. *Achtung vor den Autos. Die werden nämlich von Kindern gefahren, die keinen Führerschein haben. Deshalb waren sie unberechenbar. Plötzlich fiel ein Blumentopf aus dem zweiten Haus. Dicht neben der Figur prallte er auf die Straße und zersprang in tausend kleine Lichtpunkte, die sich auf dem Bildschirm in alle Richtungen verflüchtigten.*

Das war knapp. Er musste vorsichtiger sein, denn bis zur vierten Spielebene war es noch ein langer Weg. Und dummerweise ließen sich die ersten, leichteren Spiellevels nicht überspringen. Nach jedem groben Fehler fing das Spiel von vorne an.

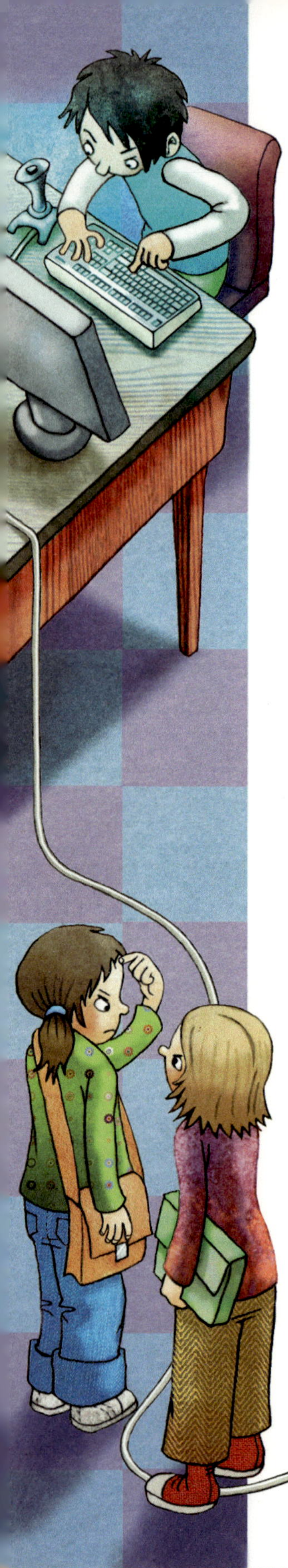

Entschlossen packte Ben den Joystick. Und schon … „rring-rring!“, klingelte es an der Haustür. Das waren Jennifer und Miriam, die für die Mathearbeit üben wollten. Langsam ging Ben einige Schritte auf die Zimmertür zu, ohne auch nur einen Augenblick den Bildschirm aus den Augen zu lassen. Wer weiß, welchen Schabernack der heimtückische Zauberer aus dem Spiel mit seiner Figur treiben würde?

Dann rannte er los, riss die Haustür auf, hechelte ein kurzes „Hallo“ hinaus und stürzte schnurstracks wieder zurück in sein Zimmer an den Computer.

„Verdammt!“, schimpfte Ben. „Das gibt's doch gar nicht.“

„Was ist denn los?“, fragte Miriam, die sich darüber wunderte, dass Ben wie wild auf die Tasten haute.

Ben war ganz rot im Gesicht. Abwechselnd sah er Miriam und Jennifer mit verwirrtem Blick an. Schließlich stieß er einen tiefen Seufzer aus und sagte niedergeschlagen: „Der Zauberer ist weg!“

Damit war das Spiel beendet. Sooft er den Computer neu startete, wurden die Fehler im Spiel nur noch größer. Jetzt war nicht nur der Zauberer verschwunden, sondern es fuhren auch keine Autos mehr auf dem Bildschirm. Nur die kleine Figur hopste noch durch die Computerwelt.

„Ich hol mir mein Trikot von Frank wieder“, sagte er schließlich. „Das Spiel ist total kaputt.“

„Du und dein bescheuertes Computerspiel!“, schimpfte Jennifer. „Komm, Miriam, wir hauen ab. Mit dem ist heute sowieso nichts mehr anzufangen.“

Fast zwei Stunden saß Ben vor dem Bildschirm. Aber der Zauberer blieb verschwunden, das Spiel stand still. Allmählich bekam Ben Hunger. Komisch, dass seine Mutter noch nicht da war. Ben sah aus dem Fenster. Aber auf der Straße tat sich nichts. Dass überhaupt niemand auf der Straße war, kam Ben sehr merkwürdig vor.

Das gab es sonst nie! Irgendetwas musste los sein.

In Windeseile zog Ben sich Schuhe und Jacke an und stürmte hinaus. Er rannte zu Jennifer und klingelte Sturm an der Haustür. Aber auch Jennifer wartete seit über einer Stunde auf ihre Eltern. Plötzlich machten sich völlig verrückte Gedanken in Bens Kopf breit: Zum ersten Mal erscheint meine Mutter nicht zu Hause, auf der Straße fährt kein einziges Auto, die Stadt ist wie leer gefegt, in der Eisdiele ist niemand und Jennifers Eltern sind auch weg. Das ist …

„… wie im Computerspiel“, sagte Ben plötzlich laut.

Es war wie in seinem neuen Computerspiel. Auch dort verschwinden von Bild zu Bild immer mehr Menschen aus der Stadt, und zwar nur die Erwachsenen. Aufgabe des Spiels ist es, mit der Figur so viele Kinder wie möglich zu versammeln und die Stadt zu retten. So geht das Spiel. Aber das Spiel war kaputt. Und seitdem vermisste er seine Mutter, wartete Jennifer auf ihre Eltern …

„Du meinst, dein Computerspiel ist Wirklichkeit geworden?“, fragte Jennifer mit zitternder Stimme.

„Genau das meine ich, auch wenn es verrückt klingt.“

Andreas Schlüter

Sprecht in einer kleinen Gruppe darüber, was weiter passiert. Stellt eure Ideen der Klasse vor.

Achtung, Datenschutz!

Im Internet werden jede Menge Daten gesammelt. Egal, ob du nach bestimmten Informationen suchst, im Internet etwas bestellst, mit deinen Freunden E-Mails schreibst oder chattest – sobald du das Internet oder dein Smartphone nutzt, hinterlässt du Spuren im Netz.

So lässt sich zum Beispiel nachverfolgen, welche Internetseiten du zuletzt besucht hast und wie lange du auf einer Seite warst. Wenn du im Internet Produkte angesehen hast oder wenn deine Eltern für dich etwas bestellt haben, wird all das gespeichert.

Viele Firmen nutzen das, sie sammeln von einer Person so viele Daten wie möglich. Wenn sie wissen, was du oft im Internet anklickst, dann bieten sie dir Dinge zum Kauf an, die scheinbar zu dir passen.

Hast du zum Beispiel zum Thema Hunderassen recherchiert, kann es sein, dass beim nächsten Mal, wenn du im Internet bist, Werbeanzeigen von Hundefutter oder Tierhandlungen auf deinem Bildschirm erscheinen.

Das kann sehr bequem sein. Aber es ist auch ein bisschen unheimlich, was das Internet alles über dich abspeichert. Du solltest also sehr genau aufpassen, welche Informationen du von dir im Netz preisgibst.

Hier kannst du dich über das Internet informieren: www.internet-abc.de

Miau-TV macht Katzen schlau

Katzen in den USA, denen Plastikspielzeug und Wollknäuel zu langweilig werden, bekommen neue Unterhaltung. Freitagabend startet die erste TV-Show für Katzen.
„Miau-TV eignet sich auch für Leute, die von Katzen geduldet werden“, sagt der Anbieter.
Die erste Folge enthält Szenen mit Eichhörnchen und Fischen, Videos mit Katzen, die surfen, mit Stäbchen essen und Katzen-Yoga praktizieren.
Gesponsert wird die Show von einem Katzenfutter-Hersteller. Nach dessen Angaben leben in US-Haushalten 85 Millionen Katzen, von denen rund ein Drittel häufig vor dem Fernseher sitzt.

Gerda Anger-Schmidt

Werbespott

ALLES! Kaufen Sie *ALLES!*
ALLES – immer ein Gewinn!
ALLES! Ich hätt gern *ALLES!*
Für *ALLES* geb ich alles hin.
ALLES! Kaufen Sie *ALLES!*

Wer *ALLES* kauft, muss sich nicht sorgen,
Wer *ALLES* hat, der muss nichts borgen,
Wer *ALLES* hat, der kann gut lachen:
Mit *ALLES* kann man alles machen!

ALLES! Kaufen Sie *ALLES!*
ALLES – immer ein Gewinn!

ALLES! Ich hätt gern *ALLES!*
Mit dem ich sehr zufrieden bin
Und das ich niemals tauschen würde!
ALLES! Ich bleib bei *ALLES!*

Michail Krausnick

Regenbogenpost

Unsere Schülerzeitung stellt sich vor

Die Schülerzeitung Regenbogenpost erscheint zweimal im Jahr. Einmal in der Woche treffen wir uns in der fünften und sechsten Stunde im Medienraum.
Elena und Tim berichten von unserer Arbeit.

Elena: Unsere Redaktion besteht aus 10 bis 15 Schülerinnen und Schülern aus dem dritten und vierten Schuljahr.

Tim: Frau Brokamp, unsere Lehrerin, hilft uns bei unserer Zeitung. Aber die meiste Arbeit machen wir selbst. Wir schreiben Berichte über das, was in unserer Schule passiert. Zum Beispiel über Projekte, Klassenfahrten und Ausflüge.

Elena: Wenn wir die neue Ausgabe unserer Zeitung planen, sammeln wir erst einmal Themen, die uns interessieren und über die wir berichten wollen. Dann stimmen wir über die Inhalte ab und verteilen die Themen.

Tim: Meistens arbeiten wir zu zweit oder zu dritt. Zuerst müssen wir zu einem Thema recherchieren, also möglichst viele Informationen sammeln. Dann schreiben wir den Artikel und suchen passende Bilder dazu, machen selber Fotos oder malen Bilder. Zur Recherche nutzen wir die Computer. Manchmal gehen wir aber auch raus und befragen Leute. Beim letzten Mal haben wir die neue Buchhändlerin im Ort interviewt.

Elena: Später besprechen wir die einzelnen Artikel, ob sie gut so sind. Wir überlegen auch gemeinsam, welcher Artikel auf welcher Seite erscheinen soll. Das dauert alles immer ziemlich lange. Wenn wir die Zeitung dann endlich fertig haben, ist es immer ein tolles Gefühl.

S. 179 Textwerkstatt
KV57
Arbeitsheft Fördern, S. 55

Das kann ich schon: Texten Informationen entnehmen

Kindertage

In Deutschland gibt es zwei besondere Tage für Kinder: Den Internationalen Kindertag am 1. Juni und den Weltkindertag am 20. September. An diesen Tagen gibt es viele Feiern und Feste, bei denen an die Rechte und die Probleme der Kinder erinnert wird. Viele Kinder sind sehr arm und haben Hunger oder kein Zuhause. Viele Kinder müssen fliehen, weil in ihrem Land Krieg ist. Zu unserer Feier zum Weltkindertag kam auch Bürgermeister Vollrath und wir haben 50 Luftballons mit unseren Wünschen steigen lassen. Auf unserer Homepage findet ihr viele Fotos vom Fest! Der Weltkindertag ist schon sehr alt. Es gibt ihn seit 1954. Damals haben viele Länder beschlossen, dass es gut ist, wenn alle Erwachsenen einmal im Jahr den Kindertag feiern und an die Rechte der Kinder denken. Die Rechte haben sie aufgeschrieben. Es sind über 50.

Meret und Justin

Gewinner der Grübelfrage Nr. 13

Die richtige Antwort war:
Fußgänger gehen bei Grün,
Fußballer bei Rot.
Gewonnen haben:
Miriam aus der Froschklasse 3b
Anton aus der Haiklasse 4a
Timon aus der Giraffenklasse 2c

Grübelfrage Nummer 14:

Zwei Karawanen treffen in der Wüste aufeinander. Da sagt der eine Karawanenführer zum anderen: „Wenn du mir ein Kamel abgibst, dann haben wir gleich viele." Da erwidert der andere: „Wenn du mir ein Kamel abgibst, dann habe ich doppelt so viele wie du."

Wie viele Kamele haben die beiden Karawanen?

Schreibe die Lösung mit Namen und Klasse auf und wirf sie in den Briefkasten der Regenbogenpost!

Sommerhitze

Eitel Sonnenschein

Im **Hochsommer**, wenn die Sonne hoch am Himmel steht und die Luft schon lange erwärmt hat, wenn das Gras wie das Getreide schon gelb ist, ist oft fast alle Feuchtigkeit der Erdoberfläche verdunstet, und die Luft hat viel Wasser gespeichert. Sie ist nicht mehr klar wie im Frühling, sondern oft ein wenig **dunstig**.

Wer die Zeit dazu hat, geht ins Freibad. Auf dem Lande ist jetzt die Zeit der Getreideernte.

Wenn die Hitze auf den Feldern und Wiesen unerträglich wird, flüchtet so mancher in den **Wald**, weil es dort deutlich kühler ist. Das Blätterdach oder Nadeldach der Bäume hält das direkte Sonnenlicht ab.

Noch scheint die Sonne, aber es ist **schwül**. Der Himmel ist gar nicht mehr richtig blau, sondern verfärbt sich zu einem hellen Grau, das bald schon dunkler wird. Es regt sich kein Lüftchen. Es ist die typische Stille, die einem Gewitter vorausgeht.

Text und Bilder: Britta Teckentrup

Schnupper-Seite: Sommerhitze

Schultaschenweitwurf
Bis über den Horizont
Kopfüber hinaus

Rotraut Susanne Berner

Grillen zirpen

Grillen zirpen und wollen sich nicht zeigen,
Hähne krähen und Wolken schweigen.
Eine Hummel brummt, ein Heuschreck surrt,
dort kommt der Kater, der oft so laut schnurrt.

Eine Ziege meckert, dann quiekt ein Schwein,
Schnauben und Wiehern setzt vom Pferdestall ein.
Frösche quaken drüben am See,
Ferien sind eine gute Idee!

Edith Schreiber-Wicke

Der Sommer

Ich bin der Sommer. In erbsgrünen Hosen,
Kirschrotem Wams zieh ich lustig einher.
Heb ich den Finger, blühen die Rosen.
Heb ich die Hand, rauscht die Welle im Meer.
Spiel ich die Flöte, tanzt der Delphin,
Duftet's nach Wiesengrund und nach Jasmin.

Mascha Kaléko

S. 184 Textwerkstatt

Swan swam
over the sea.
Swim, swan, swim!
Swan swam
back again.
Well swum, swan!

Wer dem Feuer näher ist, dem wird schneller warm.

(aus Ungarn)

Entzünde kein Feuer, das du nicht löschen kannst.

(aus China)

Erdbeer-Zeit in Deutschland

Erdbeeren werden fast überall
in Deutschland angebaut.
Von Mai bis Juli kannst du
frische deutsche Erdbeeren kaufen
oder selbst direkt vom Feld pflücken.
Erdbeeren sind sehr beliebt,
jeder von uns isst im Jahr ungefähr
3 Kilogramm Erdbeeren.

Welche Wörter blubbert die Maschine?

Lösung S. 207

Die Mittagsfrau

Wenn im Sommer die Sonne hoch am Himmel steht und ihre glutheißen Strahlen zur Erde schickt, schreitet die Mittagsfrau über die Felder. Schlag zwölf macht sie sich auf den Weg. Und wehe dem, den sie auf dem Acker trifft. Er ist des Todes, wenn er nicht ihre Rätsel löst oder ihr vom Flachs erzählen kann, bis es vom Turme eins schlägt. Ja, die Mittagsfrau ist ein böser Feldgeist.

Einmal überraschte sie eine arme Magd, die in der Mittagspause ihr eigenes Stück Feld jätete. „Erzähl vom Flachs", befahl das böse Weib. Hanka, die Magd, war klug und wusste viel vom Flachs. Sie stimmte einen langsamen, gedehnten Singsang an: „Jaaa, mit dem Flachs ist das so: Er braucht sehr, sehr gute Pflege." Die Mittagsfrau hörte von der Vorbereitung des Ackers, der Aussaat, dem Jäten, Raufen, Bündeln, Riffeln, Dreschen, Wässern, Trocknen, Dörren, Brechen, Hecheln. Jetzt wollte Hanka vom Rockenbinden, Spinnen, Weben und Bleichen reden. Da schlug die Glocke eins! Die Mittagsfrau war besiegt! Mit einem gewaltigen Donnerschlag verschwand sie und kein Mensch hat sie seitdem wiedergesehen.

Sorbische Sage, erzählt von Annemarie Britz

Wir wissen heute natürlich, dass Hitzschlag und Sonnenstich in der Ernteglut so manches Opfer gefordert haben und dass dies zur Entstehung dieser Sagengestalt beigetragen hat.

S. 171 S. 178 Textwerkstatt

KV 58
Arbeitsheft Fördern, S. 56/57

Wie der Zaunkönig das himmlische Feuer holte

Vor langer, langer Zeit gab es noch kein Feuer auf Erden und man wusste nicht, wie man sich welches verschaffen sollte, und beschloss, sich an den lieben Gott zu wenden. Aber der ist weit weg, und wer kann die Reise unternehmen? Man bat die großen Vögel, die schlugen es aber ab, dann die mittelgroßen, die schlugen es auch ab, sogar die Lerche. Während man noch beriet, hörte der Zaunkönig zu. „Da niemand gehen will“, sagte er, „so werde ich gehen.“ „Aber du bist so klein, deine Flügel sind so kurz! Du wirst von der Anstrengung vorher umkommen.“ „Ich werde es versuchen“, sagte er. Damit flog er fort und kam wirklich beim lieben Gott an. Dieser war sehr erstaunt, ihn zu sehen, und ließ ihn auf seinen Knien ausruhen. Aber er zögerte, ihm das Feuer zu geben. „Du wirst dich verbrennen“, sagte er, „ehe du auf die Erde kommst.“ Aber der Zaunkönig bestand darauf. „Nun wohl“, sagte der liebe Gott endlich. „Ich werde dir geben, worum du bittest. Aber nimm dir die Zeit, fliege nicht zu schnell! Wenn du zu schnell fliegst, wirst du deine Federn verbrennen.“ Der Zaunkönig versprach, sehr vorsichtig zu sein, und flog fröhlich der Erde zu. Solange er noch weit entfernt war, mäßigte er den Flug. Aber als er in die Nähe kam und alle sah, die ihn erwarteten und ihm zuriefen, beeilte er unwillkürlich seinen Flug. Was der liebe Gott gesagt hatte, geschah. Als er das Feuer brachte, hatte er keine einzige Feder mehr: Alle waren verbrannt. Die Vögel versammelten sich um ihn; jeder riss sich eine Feder aus, um ihm schnell ein neues Kleid zu machen. Seitdem ist sein Kleid so gesprenkelt.

Märchen aus der Basse-Normandie

Arend

Wir sind eine Pflegefamilie. Das bedeutet, dass hier oft Kinder wohnen, bei denen zu Hause irgendwas Schlimmes ist. Manchmal bleiben sie Monate, manchmal nur ein, zwei Tage. Im Sommer kam Arend.

Es waren Sommerferien und wir packten gerade. Das Handy meiner Mutter ging. „Nein“, sagte sie vorsichtig. „Wir sind gerade dabei … Was? Ja, aber … aber … Was? Du lieber Himmel … Ja. Ja, in dem Fall …“

Eine Stunde später fuhren wir los. Meine Mutter war mit einem feuerroten Gesicht dabei, einen Stapel Formulare in ihre Handtasche zu stopfen. Mein Bruder Jan saß hinter ihr, den piepsenden Spielcomputer in den Händen. Ich saß hinter meinem Vater und tat nichts.

Und zwischen uns saß Arend.

„Dein Rucksack kann auch hierher, auf den Boden“, sagte ich. Sofort schob er ihn mir zu. Das Ding wog eine Tonne!

„Was hast du denn da drin? Steine?“

„Mein Vogelfernglas ist darin“, sagte er, „und alle meine Vogelbücher und mein Steinbuch und mein Heft und mein Stift und meine Bergschuhe und meine dicken Socken und … und … ach ja, meine Ersatzbrille und meine Medikamente und ...“

„Zahnbürste?“, fragte ich. „Schlafanzug? T-Shirts? Unterhosen?“

„Weiß ich nicht so genau“, sagte er. „Vielleicht nicht.“

Er schaute auf seine Armbanduhr.

„Wie viele Kilometer sind es?“

„Siebenhundertsechsundachtzig. Stimmt doch, Papa?“

Mein Vater nickte.

„Dann brauchen wir dafür acht Stunden dreiundvierzig Minuten und acht Sekunden“, sagte Arend.

„Wie schnell fahre ich denn?“, fragte mein Vater.

„Neunzig natürlich. Schneller geht doch nicht mit diesem Auto!“

Du lieber Himmel, sagte ich leise zu mir.

Wir kamen nicht hin. Wohl irgendwohin natürlich, aber da waren wir noch nicht, das war unmöglich, rechnete Arend aus. „Wir müssen weiter“, sagte er immer wieder, „wir müssen weiter. So kann ich die Steinadler nicht sehen.“

S. 171 Textwerkstatt

KV 60
Arbeitsheft Fördern, S. 58/59

„Da hinten gibt es eine Wiese mit einem kleinen Fluss“, rief mein Vater. „Da dürfen wir stehen!“

„Stehen?“, fragte Arend mit zittriger Stimme. „Stehen?“

„Kampieren“, sagte meine Mutter.

Arend begann zu zittern und meine Mutter legte jetzt beide Arme um ihn, obwohl sie ihn noch kaum kannte. Sechs Stunden, siebenunddreißig Minuten und sechs Sekunden, würde er selbst gesagt haben.

Die Wiese lag an einem untiefen Fluss voller Steine.

„Wir müssen jetzt weiter!“ Arend zeigte auf die Berge.

„Zufälligerweise“, sagte ich zu Arend, „zufälligerweise weiß ich, dass man sie anlocken kann, Steinadler …“

„Anlocken?“, fragte Arend. „Wie denn?“

Wir zogen unsere Schuhe aus und überquerten den Fluss. Auf der anderen Seite lag ein hoher Hügel.

„Wenn wir hier stehen“, sagte ich, nachdem ich Arend heraufgehievt hatte, „dann sehen uns die Steinadler und dann denken sie: Ha, Artgenossen …!“

„Wieso denken sie: Ha, Artgenossen? Das sind doch einfach wir?“

„Ja, nein … Wir schlagen natürlich mächtig mit unseren Flügeln.“ Ich schlug mächtig mit meinen Flügeln.

„Was für Laute macht ein Steinadler?“, fragte ich.

„Im Allgemeinen schweigsam“, leierte Arend herunter, als würde er einen Lexikonartikel vorlesen, „hat jedoch einen bellenden oder pfeifenden Ruf.“

Ich schüttelte den Kopf und entschied mich für schweigsam. Ich kniff die Augen fest zu und wedelte noch fester mit meinen Flügeln.

„Du bist ein Vogel! Du bist ein Vogel, du bist ein Vogel“, rief Arend, „gleich fliegst du gleich fliegst du gleich fliegst du gleich fliegst du gleich fliegst du …“

Meine prächtigen breiten Adlerschwingen fingen den Wind. Meine scharfen Klauen lösten sich von dem Felsvorsprung und langsam, ganz langsam stieg ich auf.

Dann ein dumpfer Schlag, den ich nicht verstand. Irgendetwas stimmte nicht, meine Kleidung zog an mir und blähte sich so eigenartig um mich.

Durch meine tropfenden Haare hindurch sah ich über mir den Felsen. Ich sah mich zu allen Seiten hin um. Er war nirgendwo zu sehen. Mit Armen und Beinen mähte ich wie wild durchs Wasser. „Arend!“, brüllte ich und plötzlich stieß etwas Großes und Hartes gegen meinen Bauch. Ein Kopf. Ich ergriff ihn an den Haaren und zog ihn, so fest ich konnte, nach oben.

Wir hielten uns an einer Baumwurzel fest, die aus dem Ufer ragte, Arend und ich. Mit den Armen fuchtelnd und über die Steine stolpernd watete mein Vater auf uns zu.

„Ich habe Toon gerettet, ich habe Toon gerettet!“, piepste Arend.

Ich ging auf wackligen Beinen ans Ufer.

„Her mit den nassen Sachen“, brüllte mein Vater.

„Mach schon, dann darfst du meine Obelix-Unterhose anziehen“, flüsterte ich schnell.

„Echt? Ehrenwort? Weil ich dich gerettet habe, nicht? Weil ich dich gerettet habe!“

„Toon, was ist vorhin denn genau passiert?“, fragte meine Mutter.

Was hatte ich eigentlich zu erzählen?

Ich war ein gigantischer Raubvogel gewesen, mit riesigen, fantastischen Flügeln. Ich war aufgestiegen und über ihren Köpfen umhergekreist und gleich bei meinem ersten Flug schon verunglückt …

„Lass nur, Ma“, sagte ich. „Wir hatten einfach Lust zu schwimmen.“

Martha Heesen

Erdbeer-Smoothie

Für 4 Portionen
Zubereitungszeit: 15 Minuten

Ihr braucht:

350 g Erdbeeren
1 Banane
500 ml Orangensaft
1 EL Honig
2 Kugeln Vanilleeis

1. Wascht die Erdbeeren, entfernt die Blätter, viertelt die Früchte und püriert sie in einem hohen Gefäß mit dem Pürierstab.
2. Schält die Banane, schneidet sie klein und gebt sie mit dem Orangensaft und dem Honig zu den Erdbeeren. Noch einmal alles pürieren.
3. Zum Schluss gebt ihr das Vanilleeis dazu und püriert das Getränk ein letztes Mal.

A short, summery thin thong song

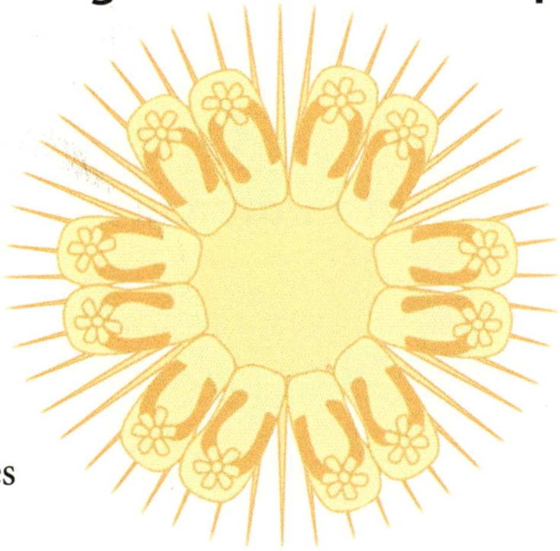

The song
of a
thong
is a flip,
flap,
flong
that echoes
wherever
you go.

You're flapping
and tapping
with feet
overlapping
and people who watch
will agree
that the song
of a thong
when you're
flopping along
is of feet
that are born
to be
free.

Max Fatchen

Ein kurzer, sommerlicher Flip Flop Song

Das Lied
eines Flip Flop
ist ein Flip
und ein Flap
und ein Flop.
Das hallt dir
im Kopfe
auf Schritt
und Tritt.

Und du flipst,
und du flopst
mit fliegenden
Füßen,
und die Leute,
die dir zuschaun,
werden zugeben
müssen:
Flapst du vorbei,
klingt der Klang
deiner Sohlen
nach Füßen,
die frei sind,
ganz frei.

Ich liebe Bücher

Hilfe, mein Lehrer geht in die Luft!

Heute ist Freitag, der 23. Mai, und wir haben schulfrei, weil unser Biolehrer geglaubt hatte, er könnte fliegen, aber ich will nicht vorgreifen, sondern alles von Anfang erzählen.
Es war fünf nach acht, als ich an der Schule ankam, und ich wunderte mich. Warum war der Hof noch voller Schüler? Die hätten doch alle längst in ihren Klassen sein müssen.
Dann erst sah ich ihn. Doppeldoktor Witzel. Unser Biologielehrer. Er stand auf dem Turm und hatte die ulkigen Flügel umgeschnallt.
Jetzt stieg er auf das Geländer, und einen Moment sah es so aus, als würde er runterstürzen, doch trotz seiner plumpen Figur balancierte er ziemlich geschickt auf dem schmalen Rand.
Michalski, unser Hausmeister, bahnte sich einen Weg durch die Schüler, stellte sich unter den Turm und schrie: „Kommen Sie sofort da runter! Unbefugten ist das Betreten des Turms nämlich strengstens untersagt!“
Witzel rief irgendwas, aber es war nicht zu verstehen. Ich zwängte mich durch die Menge, bis ich Ella, Mario und die anderen aus meiner Klasse erreichte.
„Ich hab geglaubt, ich spinne, als ich Doppelchen da oben entdeckt hab“, sagte Mario.
„Was hat er denn vor?“, fragte Jasmin.
„Siehst du doch, er will fliegen.“
„Mit diesen lächerlichen Flügeln schafft er das niemals“, gab Robert seinen Senf dazu.
„Da müsste er schon zaubern können“, sagte Mario.

S. 177 Textwerkstatt

„Ich glaube, er denkt, dass er zaubern kann“, murmelte ich.

Ella sah mich von der Seite an, aber sie sagte nichts.

Nun kam mit wichtigen Schritten Herr Klingbeil über den Hof, er trug ein Megafon. Ein wenig rüde schob er Michalski beiseite.

„Werter Doktor Witzel“, trötete er in das Megafon, „ich weiß nicht, was Sie vorhaben, aber ich möchte Sie bitten, den Turm zu Ihrer eigenen und zur Sicherheit der Schüler unverzüglich zu verlassen, damit –“

Michalski tippte sich an die Stirn.

„Blablabla“, sagte Ella neben mir.

„… ordnungsgemäßer Unterricht stattfinden kann.“

„Schmieren Sie sich Ihren Unterricht sonst wohin!“, schrie Witzel von oben herunter. „Ich werde euch nun alle unter mir lassen, weit, weit unter mir. Hulda Stechbarth sei Dank!“

„Hulda wer?“, fragte Mario.

„Stechbarth“, sagte ich. „Die war mal Lehrerin hier an der Schule.“

Witzel breitete die Arme mit den Flügeln aus.

Mario machte einen Schritt zurück.

„Der ist echt irre.“

„Ich kann kein Blut sehen!“, kreischte Lara und hielt sich die Hand vor Augen.

„Ich auch nicht!“ Jasmin fing fast an zu heulen, glotzte aber trotzdem wie gebannt nach oben.

Text: Sabine Ludwig / Bilder: Isabel Kreitz

Schnupper-Seite: Ich liebe Bücher

Name: Sabine Ludwig
Geburtsjahr: 1954
Wohnort: Berlin
Beruf: Autorin
und Übersetzerin

Name: Isabel Kreitz
Geburtsjahr: 1967
Wohnort: Hamburg
Beruf: Comic-Zeichnerin
und Illustratorin

Berühmte Bibliotheken

Bibliotheken können sehr unterschiedlich aussehen. Die tschechische Nationalbibliothek ist fast 300 Jahre alt und mit Deckenmalereien verziert. Eine der modernsten Bibliotheken dagegen ist die Bibliothek in Stuttgart. Sie hat neun Stockwerke und ist innen ganz weiß. Bunte Farbe bringen die vielen Bücher hinein, die man beim Hochgehen betrachten kann.

Ungewöhnliche Lesezeichen

Nicht alle Bücher haben ein praktisches Lesebändchen. Bibliothekare und Bibliothekarinnen finden manchmal die merkwürdigsten Lesezeichen in Büchern: Fahrscheine, Eintrittskarten, Geldscheine, gepresste Blumen, sogar Klopapier (unbenutztes!) und Milchzähne.
Fragt doch einmal in eurer Bibliothek nach, welche Lesezeichen dort schon in Büchern vergessen wurden.

Comic-Sprache

Wer sagt was?
Sucht die passenden Geschichten
in eurem Lesebuch.

Bleeker der elektronische Hund

Welches Wort spuckt die Maschine aus?

Lösung S. 207

Ob nicht doch Zauberei im Spiel ist …

Ein Interview mit Sabine Ludwig, Autorin und Übersetzerin

In Ihren Geschichten beschreiben Sie einerseits den Alltag von Familien, andererseits passieren fantastische Dinge. Warum ist das so?

Eine kleine Prise Magie im ganz alltäglichen Leben bringt Witz und Spannung in eine Geschichte. Und genau das finde ich reizvoll, wenn man nie genau weiß, ob nicht doch Zauberei im Spiel ist.

Wie kommen Sie auf die Ideen?

Ach, da muss ich nicht viel nachdenken, die meisten Dinge, über die ich schreibe, hab ich selbst erlebt, ich schmücke sie dann nur ein wenig aus. In „Hilfe, ich hab meine Lehrerin geschrumpft“ und in „Hilfe, mein Lehrer geht in die Luft!“ stecken viele Erfahrungen, die ich als Schülerin gemacht habe. Und ganz kurz habe ich auch selbst unterrichtet, und zwar eine besonders schlimme Klasse, die hat sich jeden Tag einen anderen Streich ausgedacht. Einmal brannte sogar das Klassenbuch.

Wann wussten Sie, dass Sie Schriftstellerin werden wollten?

Schriftstellerin wollte ich eigentlich nie werden. Es klingt zwar komisch, aber ich schreibe nicht gern. Ich liebe es, mir Geschichten auszudenken und sie anderen zu erzählen, aber ich finde es mühsam, sie aufzuschreiben. Ursprünglich wollte ich Lehrerin werden. Doch dann habe ich angefangen, fürs Radio zu schreiben, Sendungen für Erwachsene über Literatur, Hörspiele usw. Irgendwann wurde ich gefragt, ob ich mir vorstellen könnte, kleine Geschichten für Kinder zu schreiben. Das war vor 30 Jahren. Und so ging es dann einfach weiter. Inzwischen habe ich fast 50 Bücher geschrieben. Aber wenn ich ganz ehrlich bin: Schreiben fällt mir immer noch schwer.

Haben Sie ein Lieblingsbuch?

Von den Büchern, die ich geschrieben habe, gibt es keins, von dem ich sagen könnte, dass ich es weniger mag als die anderen. Das ist wie mit Kindern. Man liebt sie alle, egal ob sie supererfolgreich sind oder komplette Versager.

Das kann ich schon: eine Autorin kennen

Wie lernen Sie Ihre Figuren so genau kennen? Vor allem auch deren Probleme und Sorgen?

Dass ich mich so gut in Kinder hineinversetzen kann, liegt wahrscheinlich daran, dass ich nie so richtig erwachsen geworden bin. Ich weiß noch ganz genau, was ich gedacht und gefühlt habe, als ich fünf Jahre alt war. Wie mein erster Schultag verlief – meine Schultüte war nur ausgeliehen –, mein achter Geburtstag – eine Katastrophe – und wie es war, als ich mit zehn Jahren für sechs Wochen in ein Kinderheim an der Nordsee musste. Und obwohl ich vom Alter her die Oma meiner Leserinnen und Leser sein könnte, glaube ich, dass viele Sorgen und Ängste, die ich als Kind hatte, heute nicht so sehr viel anders sind.

Dürfen Sie mitentscheiden, wie das Cover zu Ihrem Buch aussehen soll?

Ja, inzwischen darf ich das und das ist ganz wunderbar. Mit Illustratoren – in meinem Fall sind es zufälligerweise Illustratorinnen – zusammenzuarbeiten, ist sowieso das Schönste in meinem Beruf. Die meisten kenne ich schon sehr lange und gut, ich besuche sie in ihren Ateliers und wir sprechen darüber, wie das Cover oder die Zeichnungen in einem Buch aussehen könnten. Mit manchen trete ich auch bei Lesungen gemeinsam auf, das macht mir besonders viel Spaß.

Sie sind auch Übersetzerin. Was mögen Sie daran besonders?

Wenn ich ein eigenes Buch fertig habe, dann kann ich nicht sofort ein neues schreiben, aber Garnichtstun geht ja auch nicht, und da kommt dann eine Übersetzung gerade recht. Wenn man so viel schreibt wie ich, dann schleichen sich oft Redewendungen oder Ausdrücke ein, die man gern wiederholt. Beim Übersetzen lerne ich meine Sprache neu kennen. Ich muss darüber nachdenken, ob ein deutsches Wort an der Stelle passt oder ein anderes besser wäre. Das ist eine fantastische Übung, und ich lerne dabei auch viel für mein eigenes Schreiben.

Geschichten mit Bildern erzählen

Ein Interview mit Isabel Kreitz, Comic-Zeichnerin und Illustratorin

Wollten Sie immer schon Comics zeichnen?

Ich wollte Geschichten mit Bildern erzählen, bei mir sind daraus dann Comics geworden.

Was begeistert Sie an Comics?

Zwischen zwei Panels oder Bildern gibt es einen weißen Raum, eine Lücke. Der Leser ist gezwungen, diese Lücke mit seiner eigenen Vorstellung zu füllen, das fasziniert mich.

Was ist der Unterschied zwischen der Illustration von Büchern und dem Zeichnen von Comics?

Bei der Illustration von Büchern geht es eher um die Darstellung einer Stimmung, die den Text nicht einfach nur nacherzählt. Beim Comic geht es darum, eine Geschichte mit Bildern zu erzählen, jede Zeichnung hat einen Zweck. Sie ist wichtig, um die Handlung zu verstehen.

Sie malen auch viele Buchcover. Wie machen Sie das?

Wenn der Verlag das Cover in Auftrag gibt, bekomme ich meistens nur eine kurze Zusammenfassung der Geschichte und ein paar Figurenbeschreibungen. Das Cover ist also oft früher fertig als der Text. Unter diesen Bedingungen ist es die Regel, drei oder mehr Entwürfe zu zeichnen, um sich anzunähern. Mit Glück läuft das reibungslos, bis Autorin und der Verlag zufrieden sind. Mit Pech dreht man viele, viele Korrekturrunden, bis ein Cover abgenommen wird.

Entwürfe für das Cover „Der 7. Sonntag im August“.

Wie entsteht das Bild für das Cover?

Erst mache ich grobe Scribbles in Briefmarkengröße, um zu testen, wie alles zusammenpasst: das Bild, der Buchtitel oder auch der Verlagsname auf dem Cover. Dann fertige ich Vorzeichnungen in Bleistift an. Und zuletzt lege ich Reinzeichnung und Farbe an.

Welches ist Ihr Lieblingsbuch?

Von meinen eigenen: Der 35. Mai.
Von Sabine Ludwig: Der 7. Sonntag im August.

Kennt ihr das Buch „Der 35. Mai“? Erkundigt euch in eurer Bücherei.

Comic-Glossar

Comic: Bildgeschichte, die auf einer engen Abfolge von Panels beruht. Ursprünglich waren die Geschichten oft witzig, deshalb der Name. Heutige Comic-Texte müssen nicht komisch sein.

Panel: Der einzelne Bildrahmen als wichtigstes Element des Comics.

Scribble: Ein erster, meist sehr kleiner Entwurf für eine Zeichnung, um Ideen zu sammeln. Scribble kommt aus dem Englischen und heißt Kritzelei oder Schmiererei, ein Scribble ist eine „Schmierskizze“.

Sequenz: Eine Folge von Bildern und Texten.

Soundwords: Lautmalerei, Schrift, die Geräusche imitiert wie RUMPS, PENG oder

Speedlines: Bewegungslinien, Striche, die einen Gegenstand oder eine Figur begleiten und so deren Bewegung im Bild darstellen.

ZEICHNEN MIT BLEEKER
1
2
3
4
5
BLEEKER IST JETZT STARTKLAR!
ZEICHNE ZUERST ZWEI QUADRATE
FÜGE OHREN UND HALSBAND HINZU
DANN ZEICHNE SEINE PFOTEN
JETZT SIND GESICHT UND MASERUNG DRAN
...UND ZUM SCHLUSS SEIN BEDIENUNGSFELD
BLEEKERS VIELE GESICHTER
FRÖHLICH
BÖSE
LACHEND
DENKEND
ÄNGSTLICH
Z
SCHLAFEND
MÜDE
VERLIEBT
BLEEKER IN BEWEGUNG
JETZT IST ES ZEIT FÜR DEINEN EIGENEN COMIC!
JcMAHOOD© 2009 · ALL RIGHTS RESERVED

Und wenn sie nicht gestorben sind ...

Fast jedes Kind kennt inzwischen schon Geschichten zum Weiterspinnen. In vielen Kinderzeitschriften oder Lesebüchern stehen solche Geschichtenanfänge, die man dann fertig schreiben soll.
Hier ein etwas anderes Spiel: Ein Kind denkt sich einen Schlusssatz aus und das andere muss die passende Geschichte dazu erfinden. Ich habe den schwierigen Teil übernommen, das Schlüsse-Erfinden.
Den leichteren Teil überlasse ich euch. Also los:

... Und so verlor der arme, alte Ameisenbär seinen Kopf zum dritten Mal.

... Und bis heute weiß niemand, warum der Bär damals seine Socke nicht dabeigehabt hatte.

... „Aber wenn er mir doch so leid tut!", schniefte es, aber das nützte dem sechsten Geißlein gar nichts.

... Und wenn sie nicht gestorben sind, dann leben sie noch h... nein, aus irgendeinem Grund eignet sich dieser Schluss für dieses Spiel nicht. Vielleicht, weil er schon zu bekannt ist.

... Und da musste er Schluss machen, denn was hätte sein Stiefvater gesagt, wenn er noch klüger geworden wäre!

... Und da legte das Huhn dasselbe Ei noch ein zweites Mal.

... Aber niemand wollte ihm glauben, obwohl er den Stoßzahn, die Fernsehantenne und die tiefgekühlte Erdbeertorte als Beweis auf den Tisch legte.

... „Na, seht ihr, ich bin der Dümmste", rief er triumphierend – und damit hatte er endgültig alles vermasselt.

... Und deshalb gibt es elektrische Eierkocher.

Martin Auer

Die Tür zur Bibliothek

Meggie hatte immer geglaubt, dass Mo viele Bücher besaß. Nachdem sie Elinors Haus betreten hatte, glaubte sie das nie wieder.

Es gab keine herumliegenden Stapel wie bei Meggie zu Hause. Jedes Buch hatte offenbar seinen Platz. Doch wo andere Menschen Tapeten haben, Bilder oder einfach ein Stück leere Wand, hatte Elinor Bücherregale. In der Eingangshalle, durch die sie sie zuerst führte, waren es weiße Regale, die sich bis zur Decke streckten, in dem Zimmer, das sie danach durchquerten, waren sie schwarz wie die Fliesen auf dem Boden, ebenso wie in dem Flur, der darauf folgte.

„Diese da“, verkündete Elinor mit wegwerfender Geste, während sie an den dicht gedrängt stehenden Bücherrücken vorbeischritt, „haben sich im Laufe der Jahre angesammelt. Sie sind nicht weiter wertvoll, meist von minderer Qualität, nichts Außergewöhnliches. Sollten sich gewisse Finger nicht beherrschen können und irgendwann eins davon herausziehen“, sie warf Meggie einen kurzen Blick zu, „so wird das keine ernsthafteren Folgen haben. Solange diese Finger, nachdem ihre Neugier befriedigt ist, jedes Buch wieder an seinen Platz stellen und keine unappetitlichen Lesezeichen darin hinterlassen.“ Bei diesen Worten drehte Elinor sich zu Mo um.

„Glaub es oder glaub es nicht!“, sagte sie. „In einem der letzten Bücher, die ich gekauft habe, einer wunderschönen Erstausgabe aus dem neunzehnten Jahrhundert, habe ich doch tatsächlich eine eingetrocknete Salamischeibe als Lesezeichen gefunden.“

Meggie musste kichern, was ihr natürlich auf der Stelle einen weiteren wenig freundlichen Blick eintrug.

„Das ist nicht zum Lachen, junge Dame“, sagte Elinor. „Einige der wunderbarsten Bücher, die je gedruckt wurden, gingen verloren, weil irgendein Hohlkopf von Fischhändler sie zerpflückt hat, um in die Seiten seine stinkenden Fische zu wickeln. Im Mittelalter wurden Tausende von Büchern vernichtet, weil man aus ihren Einbänden Schuhsohlen schnitt oder Dampfbäder mit ihrem Papier beheizte.“

Sie war vor einer Tür stehen geblieben. Auf das weiße Holz war ein Anker gemalt, um den sich ein Delphin wand. „Das ist das Zeichen eines berühmten Druckers", erklärte Elinor und strich mit dem Finger über die spitze Delphinnase. „Genau das Richtige für den Eingang zu einer Bibliothek, oder?"

„Ich weiß", sagte Meggie. „Aldus Manutius. Er lebte in Venedig. Er hat Bücher gedruckt, die gerade so groß waren, dass sie gut in die Satteltaschen seiner Auftraggeber passten."

„Ach ja?" Elinor runzelte irritiert die Stirn. „Das wusste ich nicht."

Elinor räusperte sich und musterte Mo so vorwurfsvoll, als könnte nur er daran schuld sein, dass seine Tochter so extravagante Dinge wusste. Dann legte sie ihre Hand auf die Klinke.

„Durch diese Tür", sagte sie, während sie die Klinke mit fast weihevoller Andacht herunterdrückte, „ist noch nie ein Kind gegangen, aber da dein Vater dir vermutlich einen gewissen Respekt vor Büchern beigebracht hat, mache ich eine Ausnahme. Jedoch nur unter der Bedingung, dass du von den Regalen mindestens drei Schritte Abstand hältst. Akzeptierst du diese Bedingung?"

Einen Augenblick lang wollte Meggie ablehnen. Zu gern hätte sie Elinor dadurch verblüfft, dass sie ihre kostbaren Bücher mit Verachtung strafte. Aber sie konnte nicht. Ihre Neugier war einfach zu stark. Fast kam es ihr vor, als könnte sie die Bücher durch die halb offene Tür flüstern hören. Tausend unbekannte Geschichten versprachen sie ihr, tausend Türen zu tausend nie geschauten Welten.

„Akzeptiert", murmelte sie und verschränkte die Hände hinter dem Rücken. „Drei Schritte." Ihre Finger kribbelten vor Begierde. Dann betraten sie Elinors Allerheiligstes.

Cornelia Funke

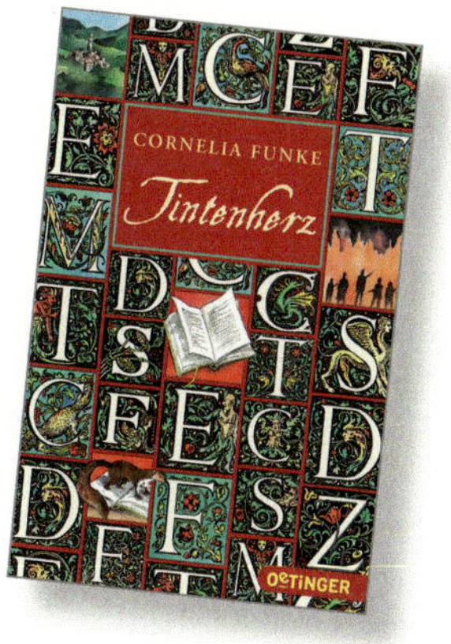

KINDERBÜCHER

C – F

Das kann ich schon: Erfahrungen mit Medien beschreiben

Michael De **C**ock: Rosie und Moussa

Roald **D**ahl: James und der Riesenpfirsich

Cornelia **F**unke: Tintenherz

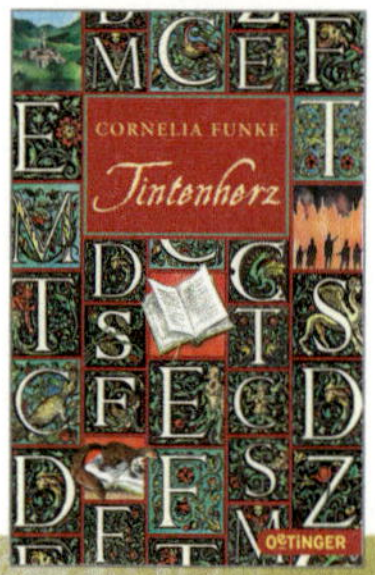

H – K

Martha **H**eesen: Mein Bruder, die Neuen und ich

Annette **H**erzog: Pssst!

Erich **K**ästner: Pünktchen und Anton

K – L

John **K**ilaka: Der wunderbare Baum

Bjørn R. **L**ie: Winterspaß im Slapsefjell

Astrid **L**indgren: Ronja Räubertochter

L – O

Sabine **L**udwig: Der 7. Sonntag im August

Sabine **L**udwig: Hilfe, ich hab meine Lehrerin geschrumpft

Sabine **L**udwig: Hilfe, mein Lehrer geht in die Luft!

Jürg **O**brist: Pepper greift ein

S. 185 S. 186 Textwerkstatt

Arbeitsheft Fördern, S. 62/63

Kathrin **S**chärer:
Der Tod auf dem Apfelbaum

Andreas **S**chlüter:
Level 4

Andrea **S**chomburg:
Lisa und das Fluff

Andrea **S**chomburg:
Professor Murkes streng geheimes Lexikon

S

Jürg **S**chubiger:
Tausend Dummheiten

Lane **S**mith:
Das ist ein Buch!

Piotr **S**ocha:
Bienen

Britta **T**eckentrup:
Alle Wetter

S – T

Einar **T**urkowski:
Der Rauhe Berg

Petra **W**aibel:
Frau Bertas ganz persönlicher Frühling

David **W**alliams:
Gangsta-Oma

Benedikt **W**eber:
Ein Fall für die Schwarze Pfote

T – W

weitere Medien

Lesen üben und Texte besser verstehen

Seite 10
Seite 52
Seite 78

Hilfe, ich hab meine Lehrerin geschrumpft / Die Kälte / Der Fisch mit dem goldenen Bart

Sucht euch einen Text aus dem Lesebuch aus.
Bildet ein Leseteam mit drei oder vier Kindern.
Überlegt euch, worauf es beim Vorlesen ankommt.
Lest den Text in eurem Leseteam vor.
Wie war die Geschwindigkeit?
Genau richtig? Zu schnell oder zu langsam?
Habt ihr viele oder wenige Lesefehler gemacht?
Hat das Team den Text beim Lesen gut verstanden?
Wie war die Betonung beim Vorlesen?
Übt das Lesen und lest den Text später noch einmal vor.

Pausenzeit = Lesezeit

Wenn ihr es richtig könnt, startet ihr eine Aktion „Kinder lesen für Kinder".

Seite 16

Der Tod auf dem Apfelbaum

Du verstehst die Geschichte besser, wenn du einige Stellen mehrmals liest und die Bilder genau betrachtest.
Lies den Text in Abschnitten und beantworte die Fragen.

1. Abschnitt: Warum verjagt der Fuchs die Vögel?
2. Abschnitt: Warum wünscht sich der Fuchs etwas von dem Wiesel, anstatt es zu fressen? Wieso soll jeder, der auf den Apfelbaum klettert, daran festkleben? Warum nicht auch die Bienen?

3. und 4. Abschnitt: Warum wünscht sich der Fuchs einen Apfel von seinem Tod?
5. und 6. Abschnitt: Weshalb lächelt der Tod, obwohl er gefangen ist?

„Dem Tod ein Schnippchen schlagen."
Was ist mit dieser Redewendung gemeint? Passt sie zur Geschichte?
Wie könnte die Geschichte weitergehen? Tauscht eure Meinungen aus.
Bestimmt vorab eine Gesprächsleitung und beachtet eure Gesprächsregeln.

sich melden

beim Thema bleiben

Meinung begründen

einander zuhören

niemanden unterbrechen

Seite **22**

Der große Vogelzug der Kraniche

Welcher Reiseroute folgen die Zugvögel?
Welche Landschaften besuchen sie?
Schreibe alle Angaben zu Orten heraus.
Verfolge mit einem Partnerkind die Reise der Kraniche auf einer Karte oder in einem Atlas.

Recherchiert, wo die Kranichrastplätze in Deutschland liegen.

Seite **31**

Baumschädlinge

Überprüfe die Aussagen. Schreibe nur die richtigen ab.

Der Buchdrucker ist das größte der beschriebenen Tiere.
Die Miniermotte ist ein kleiner Falter.
Die Larven des Buchdruckers fressen Gänge in die Bastschicht.
Die Miniermotte legt ihre Eier auf die Oberseite der Blätter.
Die Larven des Rüsselkäfers fressen die Baumrinde.
Der Rüsselkäfer befällt vor allem Laubbäume.

Seite **36**

Spy Eye verschwindet

Schreibe die Tabelle ab und ergänze das Wörterbuch.

I can't find my suitcase.	Ich kann meinen Koffer nicht finden.
	Entschuldigen Sie
maybe	vielleicht
That's my suitcase.	Das ist mein ...
glasses	Brille
sunglasses	
tooth	Zahn
missing	
earrings	
	Schnurrbart
very big	

Lesen üben und Texte besser verstehen

Seite **56**

Weihnachtszeit in Mexiko

Lies den Text genau und erkläre die spanischen Wörter.

Las Posadas   aguinaldo
Piñatas   Dia de los Santos Reyes

Seite **60**

Professor Murkes streng geheimes Lexikon

Welche Zeiten werden in dem Text und in dem Zeitstrahl genannt? Ordne die Begriffe in eine Tabelle. Überlege mit einem Partnerkind, was das Besondere an dieser Zeit sein könnte.
Notiert Stichworte in die Tabelle.

Nebelzeit	Zuckerzeit		
Meer, Nebeltiere			

Sucht euch eine Zeit aus und erzählt ein Erlebnis dazu.

Seite **68**

Hopp, Hopp, Hypersprung

Welche Überschrift passt zu welchem Abschnitt?
Schreibe die Zeilen der Abschnitte und die Überschriften in der richtigen Reihenfolge auf.

Zeile 1–18   Zeile 19–49   Zeile 50–65   Zeile 66–82

Der Beweis auf dem *Trafalgar Square*
Auf dem Mond?
Ein merkwürdiger Raum
Der Geheimagent vom Planeten Klipst

Zeile 1–18: ____________

Schreibt zu jedem Abschnitt drei W-Fragen auf.
Macht daraus ein Quiz.

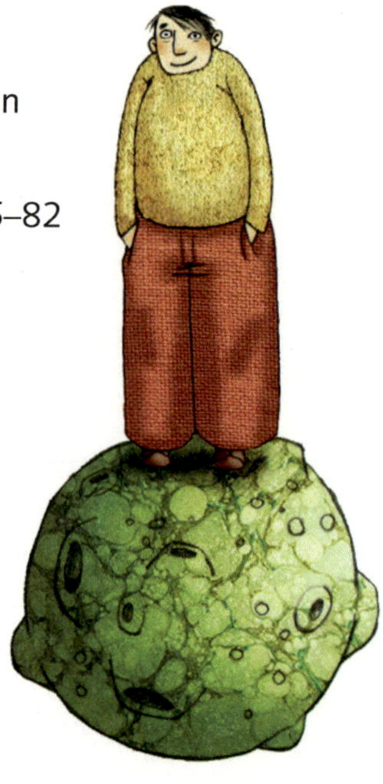

Seite **78**

Der Fisch mit dem goldenen Bart

Unterteile das Märchen in Abschnitte.
Schreibe für jeden Abschnitt eine Überschrift auf eine Karte.
Schreibe die wichtigen Wörter aus jedem Abschnitt darunter.
Die einzelnen Karten heftest du mit kleinen Klammern an einen roten Faden.
Erzähle das Märchen mit deinen wichtigen Wörtern nach.
Die Karten am Faden helfen dir.

Seite **85**
Seite **141**

Kinder haben Rechte / Kindertage

Beantworte die W-Fragen. Finde noch weitere W-Fragen.
Wer hat die Kinderrechte festgelegt?
Welche Kindertage gibt es in Deutschland?
Wieso ist der Weltkindertag nicht nur ein fröhlicher Tag?
Welche Rechte werden im Text erwähnt?
Seit wann gibt es den Weltkindertag?

Suche im Internet mit Kindersuchmaschinen unter dem Stichwort „Kinderrechte“ weitere Informationen.

www.fragfinn.de
www.blinde-kuh.de
www.helles-koepfchen.de

Seite **94**

Der aufgeblasene Frosch

Jede Fabel hat eine Lehre.
Welche Lehre passt zu dieser Fabel?

Lies nach auf Seite 195.

Lesen üben und Texte besser verstehen

Seite 104

Wie die Narzisse ihren Namen bekam

Was stimmt hier nicht? Findet zusammen die fünf Fehler und schreibt sie ins Heft.

Eine Legende erzählt: Der Göttersohn Narziss war ein hässlicher Jüngling, der von vielen Frauen und Männern bewundert und geliebt wurde. Narziss aber mochte niemanden und wies sie alle zurück. Eines Tages erblickte er in einem Fluss so eine schöne Nase, dass er sich gleich darin verliebte. Lange starrte er ins Wasser, bis er merkte, dass es sein eigenes Spiegelbild war, das er sah. Voller Verzweiflung weinte Narziss an dem See. An dieser Stelle wuchs später eine schöne Möhre, die Narzisse.

Seite 112

Zarah

Welche Sätze stimmen? Bringe die Buchstaben in die richtige Reihenfolge und setze das Lösungswort zusammen.

Alle Mädchen sind sehr gute Freundinnen. (FUR)
Zarah hat überhaupt keine Angst. (STH)
Die vier Mädchen wollen Zarah beschützen. (HÄ)
Die vier Freundinnen haben mehr Angst als Zarah. (ASE)
In der Geschichte gibt es wirklich Monster. (ANG)

Seite 122

Tolle Hobbys in aller Welt

Lies die Texte und versuche, diese Wörter zu erklären:

Pose   Voltigieren   Archäologie   Wheelie

Notiere die Erklärungen und vergleiche mit einem Partnerkind.

Seite **146** **Die Mittagsfrau**

Woran kannst du erkennen,
dass die Geschichte eine Sage ist?

Lies nach auf Seite 194.

Seite **148** **Arend**

Schreibe immer nur den jeweils richtigen Satz ab.

Toon, Jan und Arend sind Geschwister.
Die Familie und Arend lernen sich erst auf der Urlaubsfahrt kennen.

Arend weiß viel über Steinadler und will sie unbedingt sehen.
Toon kann Steinadler anlocken und will sie unbedingt sehen.

Toon ist vom Felsvorsprung in die Luft aufgestiegen.
Toon ist vom Felsvorsprung hinab in den Fluss gefallen.

Arend ist Toon hinterhergesprungen und hat Toon gerettet.
Arend ist Toon hinterhergesprungen und Toon hat ihn gerettet.

Wie verändert sich die Beziehung von Toon und Arend?
Welches Schaubild passt zum Anfang der Geschichte und
welches Schaubild passt zum Ende der Geschichte?

Zu Texten erzählen, schreiben, malen

Seite **4** **Tausend Dummheiten**

Wer so viele Dummheiten macht, wird bald von allen gesucht werden.
Gestalte einen Steckbrief zu Luzi.
Name:
Aussehen:
Besonderheiten:

Seite **20** **Herr von Ribbeck auf Ribbeck im Havelland**

Gestaltet zu viert eine Bildergeschichte.
Jedes Kind zeichnet ein Bild zu einer Strophe.

Seite **24** **Der wunderbare Baum**

Wie könnte das Märchen weitergehen?
Wird dem Büffel und dem Elefanten der Name des Baumes wieder einfallen?
Was könnten sie tun? Wer könnte ihnen helfen?
Denke dir eine Fortsetzung aus und schreibe sie auf.

Seite **30** **In der Erde tobt das Leben**

Stell dir vor, ein Pilz möchte sich bei einem Baum als Mitbewohner bewerben.
Was würde er sagen? Schreibe auf.

Seite **32** **Wie ein Baum**

Wie sieht Florian vor dem Spiel aus? Wie sieht Florian aus, als er nach Hause geht? Was sehen die Zwillinge?
Male ein Vorher-Bild und ein Nachher-Bild.

Seite **40** **Das Morse-Alphabet**

Botschaften könnt ihr auch mit Licht morsen. Bringt Taschenlampen mit.

Seite **44** **Gangsta-Oma**

Welche Wörter fallen dir zu „Oma“ ein?
Sammle mit einem Partnerkind mindestens fünf Begriffe.
Sprecht darüber, ob diese Begriffe auch zu Bens Oma passen.

Überlege, wie Bens Oma zu dem Namen
„die schwarze Katze“ gekommen sein könnte. Schreibe auf.

Seite **48** **Winterspaß im Slapsefjell**

Du bist eine Reporterin oder ein Reporter im Slapsefjell.
Denke dir ein Ereignis aus, über das du berichtest.
Zeichne auch einen Schnappschuss dazu.

Seite **56** **Weihnachtszeit in Mexiko**

Was ist eine „Prozession“? Lies von Zeile 5 bis 11.
Finde die Erklärung im Text. Zeichne die Prozession.

Seite **60** **Professor Murkes streng geheimes Lexikon**

Stell dir vor, du könntest tatsächlich in die Vergangenheit reisen,
zum Beispiel in die Kindheit deiner Eltern oder Großeltern.
Wie sieht es dort aus?
Was können Kinder dort unternehmen und erleben?
Informiere dich dazu bei deinen Eltern oder Großeltern.
Schreibe in einem Brief an Jonas, was du bei deiner Zeitreise erlebst.
Sammelt die Briefe eurer Klasse und macht ein Zeitreise-Buch daraus.

Zu Texten erzählen, schreiben, malen

Seite 67 **Fliegen morgen**

Wann soll die erste Reise zum Mars starten?
Was erforschen die Menschen noch im Universum?
Sammelt Zeitungsberichte darüber. Klebt sie auf Plakate oder sammelt sie in einem gemeinsamen Ordner.
Macht dazu eine kleine Ausstellung in der Klasse.

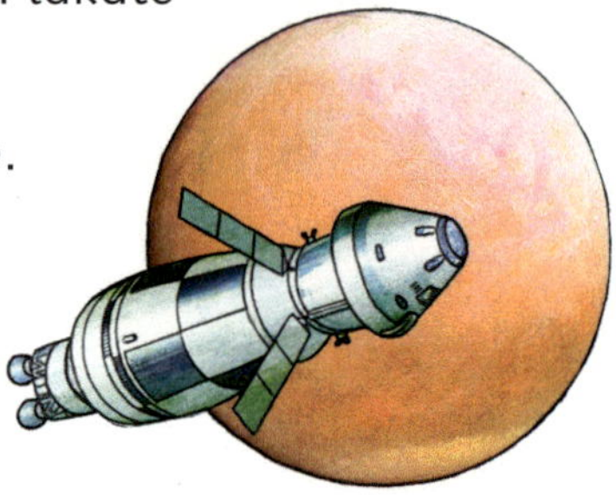

Seite 72 **Pssst!**

Schreibe auch deine frühesten Erinnerungen auf.
So können deine Sätze beginnen:

Einmal …
Mein erster/Meine erste …
Ich wünschte mir …
Danach …
Ich kam in die erste/zweite/dritte Klasse, als …

Seite 79 **Der Esel**

Stelle dir vor, du bist der Nachbar.
Erzähle, was bei Nasreddin passiert ist.

Seite 81 **Wie soll eine gute Freundin, ein guter Freund sein?**

Findet ihr noch mehr Aussagen, die man ankreuzen kann?
Wie fällt die Umfrage in eurer Klasse aus?
Schreibt die Rangfolge auf. Stimmt ab, wenn ihr euch nicht einig seid.
Bestimmt ein oder zwei Kinder für die Gesprächsleitung und diskutiert das Ergebnis eurer Umfrage.

Seite **89** **Frosch oder Kröte?**

Jetzt erkennst du Frösche und Kröten.
Kennst du auch die Unterschiede zwischen Bienen und Wespen?
Informiere dich im Tierlexikon und auf Kinderseiten im Internet.
Erstelle eine Tabelle zu den Unterschieden.
Gestalte ein Plakat und halte einen Vortrag.

Seite **105** **Europa-Fahrradsong**

Tauscht euch über euren Schulweg aus.
Welche Kreuzungen oder Straßen sind besonders gefährlich?
Wo könnt ihr besonders sicher fahren?
Was kann in eurer Stadt fürs Radfahren verbessert werden?
Sprecht darüber in der Gruppe. Beachtet eure Gesprächsregeln.

Seite **106** **Der Rauhe Berg**

Rollenspiel: Ein Kind ist ein Wanderer,
der auf den Rauhen Berg möchte.
Der Wanderer möchte wissen, ob sich
der Weg lohnt und wie es dort aussieht.
Du warst schon dort. Spielt das Gespräch nach.

Der Wanderer findet den Weg auf den Rauhen Berg nicht allein.
Gestalte eine Karte für ihn.

Seite **112** **Zarah**

In dem Text kommen viele Personen und Figuren vor.
Schreibe auf, was du über die Personen erfährst.
Schlammfresser Feggel: …
Erdteufel Lappowick: …
…

Zu Texten erzählen, schreiben, malen

Seite 117

Gelb schmeckt nach Senf

Wonach riechen oder schmecken die Farben für dich?
Was hörst du bei Rot oder Gelb? Was fühlst du bei Grün oder einer anderen Farbe? Gestalte eine Collage.
Macht in der Klasse eine Ausstellung der Farben und Sinne.

Seite 122

Tolle Hobbys in aller Welt

Schreibt die Orte heraus, die in den Texten genannt werden und die ihr auf der Weltkarte findet.
Findet mithilfe des Internets mehr über diese Orte heraus.
Legt eine Tabelle dazu an.

Haiti			
Jacmel			

Wählt einen der Orte aus und gestaltet ein Plakat, das Werbung für eine Reise an diesen Ort macht.
Stellt euer Plakat anderen Kindern vor.

Seite 124

Weltreise durchs Zimmer

Das Gedicht endet mit einem Auftrag:
Erzählt von Sonnenstich und Menschenfressern,
von Nasenringen, Gift und krummen Messern.
Erfindet eine Geschichte, in der all dies vorkommt.
Schreibt sie auf. Malt dazu Bilder.

Seite 139 Miau-TV macht Katzen schlau

Überlege mit drei bis vier anderen Kindern, welche Werbelieder ihr aus dem Radio oder Fernsehen kennt. Sucht euch eine Melodie aus und schreibt einen neuen Text dazu. Denkt euch dazu ein Produkt aus, für das ihr Werbung machen wollt.

wie noch nie **Preisknüller**

Hochgenuss *frühlingsblumenfrisch*

Seite 139 Werbespott

Sammelt Werbesprüche und Werbebilder aus Zeitungen, Zeitschriften oder Prospekten. Ihr könnt in der Umgebung eurer Schule auf Entdeckungstour gehen und Werbung abschreiben oder abfotografieren.
Gestaltet dann mit euren Fundstücken eine Werbeausstellung in der Klasse.
Klebt die Werbung dazu auf Mini-Litfaßsäulen, die ihr aus Pappe bastelt.

Seite 152 Hilfe, mein Lehrer geht in die Luft!

Stell dir vor, du bist Jasmin, oder stell dir vor, du bist Mario. Schreibe in einer E-Mail an deine Freundin oder deinen Freund, was auf dem Schulhof los war.

Zu Texten musizieren

Seite 52

Winterrätsel

Lest das Gedicht zu zweit. Denkt euch eine Melodie dazu aus. Versucht, zusammen oder nacheinander das Gedicht zu singen.

Seite 100

Ronja Räubertochter

Zu dieser Geschichte könnt ihr eine Musik erfinden. Spielt zuerst den Winter und dann den Übergang in den Frühling.

1. Sucht euch passende Instrumente aus. Wie müssen sie für den Winter oder für den Frühling klingen?
   dunkel – hell, tief – hoch, hölzern – metallisch, leise – laut

2. Wie müsst ihr spielen?
   fröhlich, laut, ernst, HEITER, SCHNELL, …

3. Sucht euch für die tiefen Instrumente oder Trommeln einen passenden Rhythmus.
   ● • • • ● • • • ● • • •   oder   • • • • • ● • • • • • ● • • • • • ●

Seite 146

Die Mittagsfrau

Diese Sage könnt ihr mit Musik unterlegen:

Sommer – Sonne – heiß – die Mittagsfrau schreitet – Schlag zwölf – Rätsel lösen – böser Feldgeist – langsamer, gedehnter Singsang – Hanka redet – die Glocke schlägt eins – gewaltiger Donnerschlag.

Überlegt euch zu diesen Stichwörtern Geräusche oder Klänge von Instrumenten. Das vorlesende Kind muss Pausen für die Klänge und Geräusche lassen.

Mit Medien umgehen

Seite 28

Eine Million Bäume

Durch welche Medien gelingt es Felix, seine Aktion bekannt zu machen? Schreibe die Medien und ihre Wirkung auf.
Zusammen mit eurer Lehrerin oder eurem Lehrer könnt ihr die Homepage www.plant-for-the-planet.org aufrufen oder euch bei www.kids.greenpeace.de über Umweltschutzaktionen informieren.

Seite 138

Achtung, Datenschutz!

Wie nutzen Werbeleute Daten von Menschen im Internet? Sprecht darüber in der Klasse. Bestimmt dazu eine Gesprächsleitung. Diskutiert, worauf ihr achten solltet, wenn ihr selbst im Netz unterwegs seid.

Seite 139

Miau-TV macht Katzen schlau

Sammelt, welche Sendungen ihr aus dem Fernsehen oder aus dem Radio kennt. Beschreibt die Sendungen. Findet ihr Unterschiede? Was möchten die Sendungen erreichen?
Diese Wörter können euch helfen:

informieren
unterhalten
zum Lachen bringen
etwas verkaufen
über etwas berichten
zum Nachdenken anregen

Seite 140

Regenbogenpost – unsere Schülerzeitung stellt sich vor

Gruppenarbeit zu viert oder fünft: Recherchiert im Internet zu dem Begriff Zeitung: www.blindekuh.de, Suchwörter: Zeitung Begriff.
Vergleicht eure Informationen.
Bittet eure Eltern oder eure Lehrerin um die erste Seite einer Zeitung.
Beschreibt, was darauf zu sehen ist: Name der Zeitung, Überschriften, Fotos …
Gestaltet selbst ein DIN-A3-Blatt als Seite einer Klassenzeitung.
Hängt eure Zeitungsblätter in der Klasse auf.

Texte szenisch spielen

Diese Texte könnt ihr mit verteilten Rollen lesen.
Ihr könnt sie auch als Theaterstück aufführen.

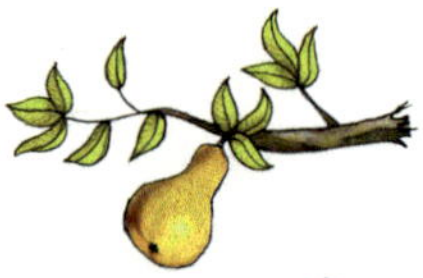

Eine Spielvorlage schreiben
Ihr könnt auch aus einem Erzähltext ein Spielstück machen. Sucht einen geeigneten Text aus:
Mehrere Figuren können mitspielen.
Die Geschichte ist nicht zu lang.
Die Figuren können einfache Texte sprechen.
Die Figuren können Situationen nachspielen.
Der Ort, an dem die Handlung spielt,
kann als Bühne dargestellt werden.

Seite **112** Zarah

Führt die Geschichte mit Schattenfiguren und Schauspielerinnen auf. Die Monster werden mithilfe einer starken Lampe an die Wand projiziert. Die Freundinnen spielen vor der Projektionsfläche.

Dazu braucht ihr:

eine starke Lampe
Requisiten für die Gestaltung der Schattenkulissen
Kostüme (wie große Hüte, Schuhe, Tüll und Ähnliches)
Tonkarton, Klebestift und Klebeband, Holzstäbe

Monster und Kulissen

Sucht im Text nach Angaben zu den Monstern und zu den Kulissen.

1. Gestaltet die Umrisse des Waldes mit Pappe und Requisiten.
2. Bastelt die Monster aus Tonpapier.
3. Klebt die Holzstäbe auf die Monsterfiguren.
4. Probiert vor der Lichtquelle unterschiedliche Bewegungen aus.

Freundinnen

Sucht im Text nach Hinweisen zu den Freundinnen. Überlegt:

1. Wie ist die Stimmung in der Szene?
   (gruselig? laut? leise? angespannt? lustig? traurig? ängstlich?)
2. Wie verhalten sich die Freundinnen?
3. Wie sprechen die Freundinnen? Probiert verschiedene Stimmlagen aus.
4. Wie stehen sie oder wie bewegen sie sich?

Tipp: Ihr könnt die Aufführung auch in Gruppen vorbereiten.
Gruppe Schauspielerinnen (Freundinnen), Gruppe Erzähler,
Gruppe Monster, Gruppe Kulisse und Requisite,
Gruppe Geräusche und Musik

Gedichte vortragen

Gedichte auswendig lernen

Suche ein Gedicht aus dem Lesebuch, das dir besonders gut gefällt.
Lerne es gemeinsam mit einem anderen Kind auswendig.
Wie lernt ihr am liebsten? Wie geht es am schnellsten?

Zeile 1: gegenseitig abhören, zusammen sprechen, rhythmisch sprechen
Zeile 1 und 2, dann Zeile 1 und 2 und 3: immer weiter genau so üben

Sprecht euch die Gedichte auf verschiedene Art und Weise vor:
laut und leise, l a n g s a m und **schnell**, *sanft* oder wütend.
Entscheidet, wie das Gedicht am besten klingt.
Macht beim Vortrag am Ende der Zeilen Pausen.
Probiert aus, wie kurz oder wie lang die Pause sein sollte.

Wenn ihr die Gedichte einem Publikum vortragt,
müsst ihr besonders deutlich sprechen.

Tipp: In der Bücherei könnt ihr
schöne Gedichtsammlungen finden.

Seite 6 **Ich, du, er, sie, es**

Sprecht das Gedicht gemeinsam. Die großgeschriebenen Wörter
sprecht ihr im Chor, die anderen Zeilen übernehmen einzelne Kinder.
Ihr könnt euch passende Bewegungen überlegen und so das Gedicht
„performen", das heißt, eine kleine Show dazu machen.
Versucht es auch mit diesen Gedichten:

Seite 9 **Die Brücke**

Seite 19 **Das letzte Blatt**

Seite 62 **In hundert Jahren**

Seite 77 **Überschrift Doppelpunkt Diktat**

Seite **6** **Ich, du, er, sie, es**

Seite **20** **Herr von Ribbeck auf Ribbeck im Havelland**

Seite **151** **Ein kurzer, sommerlicher Flip Flop Song**

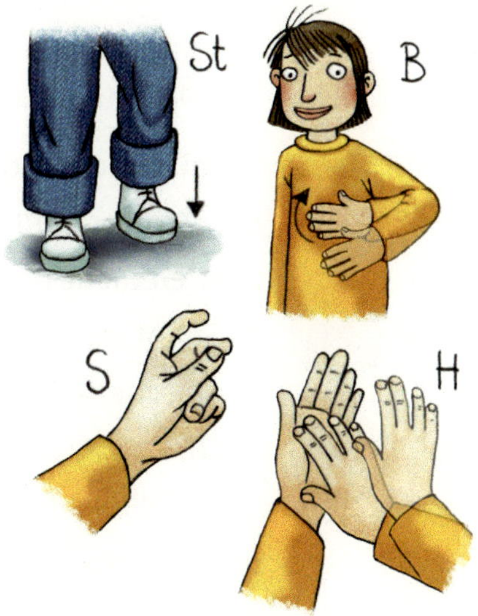

Diese Gedichte könnt ihr rappen.
Ihr könnt sie mit Instrumenten oder
mit Körperinstrumenten begleiten.

Probiert verschiedene Rhythmen aus.
Manchmal passt es auch gut, sich beim Sprechen abzuwechseln.
Manche Zeilen oder Strophen können von einem Kind alleine gesprochen werden, andere Teile sprechen alle Kinder zusammen.

Einfache Rhythmen auf Körperinstrumenten:

1	2	3	4
B	H H	B	HH
St	H H	St	HH
B S	H B	B S	H

B = Schlag auf die Brust
H = Hände klatschen
S = Schnipsen
St = Stampfen

Lasst am Beginn und zwischen einzelnen Strophen
den Rhythmus auch alleine klingen.
Beim Sprechen muss der Rhythmus leise sein.
Ihr müsst sehr deutlich sprechen, damit eure Zuhörer
und Zuhörerinnen den Text verstehen können.

Seite **77** **Sommermädchenküssetauschelächelbeichte**

Übe die langen Wörter und versuche, das Gedicht flüssig vorzutragen.
Murmel-riesel-plauder-plätscher-quelle,
sehnsuchts-tränen-tröpfel-trauer-bang, …

Gedichte schreiben

Seite **9** Seite **18** Seite **51** Seite **121**

Die Brücke / Herbstgedicht / Es tickt die Zeit / Wolkenschloss

Schaut euch in der Gruppe an, wie die Gedichte gebaut sind.
Die Wörter sind so aufgeschrieben, dass sie ein passendes Bild zum Gedicht darstellen. Schreibt gemeinsam ein ähnliches Gedicht.

1. Sucht euch ein Thema wie zum Beispiel Traumreise, Märchenwald oder Seeabenteuer. Sammelt dazu passende Wörter auf einem Blatt.
2. Überlegt, welches der Wörter könnte das Bild für das Gedicht ergeben? Welche Wörter passen noch?
3. Baut aus den Wörtern das Gedicht in der ausgesuchten Form.

Seite **51** Seite **98** Seite **144**

Haikus

Haikus sind kurze Gedichte, die aus Japan stammen.
Sie reimen sich nicht.
Haikus bestehen aus nur drei Zeilen.
Die erste Zeile hat 5 Silben,
die zweite Zeile hat 7 Silben
und die dritte Zeile hat wieder 5 Silben.

Im kal-ten Herbst-wind
kom-men Flie-gen durchs Fens-ter
Scho-ko-la-den-duft

Wer ein Haiku dichtet, beobachtet die Natur ganz genau.
Die ersten beiden Zeilen beschreiben, was du siehst.
In der letzten Zeile passiert etwas Überraschendes!
Schreibe ein Haiku.
Untersuche die Gedichte auf den Seiten 50/51, 98/99 und 144/145.
Findest du dort ein Haiku? Begründe.

Seite **120**

Was mir gefällt

Was tust du gerne? Schreibe Stichwörter auf. Arbeite dann mit einem Partnerkind weiter. Sucht Reime zu euren Stichwörtern und schreibt gemeinsam ein Gedicht „Was uns gefällt".

Bücher lesen: Bibliotheksbesuch

Seite 164

Kinderbücher

In Bibliotheken oder Büchereien kannst du diese Medien ausleihen: Bücher und Zeitschriften, Hörbücher und Musik-CDs, Filme auf DVD, Computerspiele und Gesellschaftsspiele.

Was liest du gerne?

Für die Ausleihe brauchst du einen Ausweis. Achte gut auf deinen Ausweis, damit niemand anderes auf deinen Namen ausleihen kann.

Was leihst du gerne aus?

Alle Medien haben eine bestimmte Ausleihfrist. Bücher kannst du meistens 4 Wochen ausleihen, andere Medien oft nur 2 Wochen. Wer etwas Ausgeliehenes zu spät zurückgibt, muss eine Gebühr bezahlen.

Jede Bibliothek und jede Bücherei hat eine Benutzerordnung. Lass dir die Benutzerordnung erklären.

In den meisten Bibliotheken und Büchereien gibt es Computer: Hier kannst du in einem Katalog überprüfen, ob die Bücherei ein bestimmtes Buch hat und ob es ausgeliehen ist. Wenn ein Buch ausgeliehen ist, kannst du es vorbestellen.
Jedes Buch hat eine eigene Signatur, die kennzeichnet, wo es steht. Lass dir von der Bibliothekarin oder dem Bibliothekar zeigen, wie die Suche funktioniert.

Ein Buch vorstellen

Seite 164 **Kinderbücher**

Die Leserolle

Gestalte zu einem Buch, das du selbst auswählst, eine Leserolle.
Dazu brauchst du eine leere Papprolle (von Chips oder von Tennisbällen).
Schreibe oder male außen auf die Rolle:
Autor oder Autorin, Titel, Verlag und deinen Namen.
Gestalte deine Rolle passend zum Buch:
Du kannst sie bemalen oder bekleben.
Das alles kann in deine Leserolle hinein:

- Cluster zu deinem Buch

- Beschreibung der Figuren (zum Beispiel als Steckbrief)
- deine Lieblingsstelle, zu der du etwas gemalt oder gestaltet hast
- ein anderes Ende, das du geschrieben hast
- eine Bewertung, wie dir das Buch gefallen hat
- Bewertung einer Hörfassung oder einer Verfilmung des Buches
- Informationen, die du über den Autor oder die Autorin gefunden hast
- Du kannst aufschreiben, welche Figur aus dem Buch du gerne sein willst und warum.
- …

Klebe alle Blätter aneinander und rolle sie auf.
Präsentiere deine Leserolle in der Klasse.
Ihr könnt eine Ausstellung mit allen Leserollen machen.

Eine Autorin oder einen Autor vorstellen

Seite 162

Die Tür zur Bibliothek

Suche dir eine Autorin oder einen Autor aus
und stelle sie oder ihn deiner Klasse vor.

1. Suche Informationen und Bilder zu deiner Autorin oder deinem Autor:

   Lies den Klappentext, hier stehen manchmal
   Informationen zur Autorin oder zum Autor.
   Frage in der Stadtbücherei oder in einer Buchhandlung.
   Schlage in einem Lexikon nach, zu manchen Autorinnen
   und Autoren gibt es dort Einträge.
   Gib den Namen der Autorin oder des Autors
   in eine Suchmaschine im Internet ein.

2. Ordne die Informationen und schreibe die wichtigsten Stichwörter auf.
   Name? Geburtsort? Familie? Besonderheiten?

   Zum Beispiel
   Cornelia Funke: geboren am 10. Dezember 1958 in Dorsten
   in Westfalen, eine Schwester und zwei Brüder, wollte als Kind
   Astronautin werden, war zuerst Kinderbuchillustratorin von Beruf …

3. Welche Bücher hat deine Autorin oder dein Autor geschrieben?
   Welche Bücher gefallen dir davon am besten?
   Informiere dich, ob sie in eurer Bibliothek ausgeliehen werden können.

4. Stelle deine Autorin oder deinen Autor vor:
   Bringe die Bücher mit und zeige Fotos von ihr oder von ihm.
   Nutze deine Stichwörter für deinen Vortrag.
   Übe deinen Vortrag, bevor du ihn hältst.

Das hilft dir, Texte besser zu lesen und zu verstehen

Vor dem Lesen

- Lies die Überschrift und betrachte die Bilder.
  Vermute, worum es in dem Text geht.
- Was weißt du schon über das Thema? Was möchtest du wissen?
  Was erwartest du?
- Verschaffe dir einen Überblick über den Text. Lies zwei Sätze vom Anfang, aus der Mitte und vom Schluss des Textes.

Während des Lesens

- Wenn du etwas nicht verstanden hast, lies den Abschnitt oder den ganzen Text noch einmal.
- Kläre die unbekannten Wörter.
  Suche im Text. Schlage nach. Frage jemanden.
- Stelle W-Fragen an den Text:
  Wer? Was? Wann? Warum? Wo? Wie?
- Teile den Text in Abschnitte ein.
  Überlege dir für jeden Abschnitt eine Überschrift.
- Finde die wichtigen Schlüsselwörter in jedem Abschnitt.

Nach dem Lesen

- Überprüfe: Welche deiner Vermutungen passen zum Text?
  Hat der Text deine Erwartungen erfüllt? Hast du Neues erfahren?
- Gestalte ein Schaubild zum Text.
- Erkläre jemandem, worum es in dem Text geht.
  Nutze dazu deine Überschriften zu den Abschnitten, deine wichtigen Schlüsselwörter und dein Schaubild.

Versuche, die Lesetipps bei jedem Text anzuwenden.
Tausche dich zuerst mit einem Partnerkind aus und dann in der Gruppe: Welche Erfahrungen habt ihr gemacht?

Das dreihörnige Gesicht der Kreidezeit

Vor etwa 240 Millionen Jahren begann das Erdmittelalter, das man in drei Zeitabschnitte einteilt: Trias, Jura und Kreide. In der Trias sah die Welt noch ganz anders aus als heute: Es gab nur einen einzigen zusammenhängenden Kontinent namens Pangäa. Auf Pangäa war es heiß und trocken. In dieser Zeit gab es die ersten Dinosaurier. Im Jura spaltete sich Pangäa auf und die Erdteile schoben sich auseinander. Dadurch wurde es auf der Erde feuchter und große, pflanzenreiche Wälder entstanden. Während der Kreidezeit lebten vermutlich die meisten Dinosaurier. Es war die Zeit der Hornsaurier, deren vielleicht bekanntester Vertreter der Triceratops ist, das „dreihörnige Gesicht". Der Triceratops hatte ein Skelett, das dem des Nashorns ähnelt, er war aber mit 9 m Länge viel größer und konnte an die 5 Tonnen auf die Waage bringen. Mit seinem beeindruckenden Nackenschild und den drei Hörnern sah er sehr gefährlich aus. Sein papageienähnlicher Schnabel zeigt aber, dass er ein reiner Pflanzenfresser war. Seine Waffen dienten ihm möglicherweise zur Verteidigung gegen seine Feinde, den riesigen Tyrannosaurus Rex und den kleineren Deinonychus, oder im Kampf gegen Nebenbuhler. Am Ende der Kreidezeit, vor etwa 65 Millionen Jahren, starben die Dinosaurier aus. Bis heute gibt es zwar verschiedene Überlegungen, man weiß aber nicht genau, warum.

• Vermute, worum es in dem Text geht.

Bild betrachten

Das dreihörnige Gesicht der Kreidezeit

Überschrift lesen

• Was weißt du schon über das Thema? Was möchtest du wissen? Was erwartest du?

Das weiß ich schon	Das möchte ich erfahren Das erwarte ich
Dinosaurier sind vor langer Zeit ausgestorben. Es gab Pflanzenfresser und Fleischfresser. Manche Saurier konnten fliegen.	Um welchen Dinosaurier geht es? Wieso dreihörniges Gesicht? Wann hat er gelebt? Was hat er gefressen?

• Verschaffe dir einen Überblick über den Text. Lies zwei Sätze vom Anfang, aus der Mitte und vom Schluss des Textes. Lies danach den ganzen Text.

• Wenn du etwas nicht verstanden hast, lies den Abschnitt oder den ganzen Text noch einmal.

• Kläre die unbekannten Wörter.

Im Text nach Erklärungen suchen

In der Trias sah die Welt noch ganz anders aus als heute: Es gab nur einen einzigen zusammenhängenden Kontinent namens Pangäa. Auf Pangäa war es heiß und trocken.

Im Lexikon nachschlagen

K

Kontinent:
→ Erdteil
große zusammenhängende Landteile der Erdoberfläche. Es gibt die fünf Kontinente Europa, Asien, Afrika, Amerika und Australien.

Jemanden fragen

• Stelle W-Fragen an den Text.

W-Fragen stellen

Wann begann das Erdmittelalter?
Was heißt Dinosaurier übersetzt?
Welche Feinde hatte ein Triceratops?
Wie …

• Teile den Text in Abschnitte ein.
Überlege dir für jeden Abschnitt eine Überschrift.

• Finde die wichtigen Schlüsselwörter in jedem Abschnitt.

Die Pangäa

Überschriften finden

Vor etwa 240 Millionen Jahren begann das Erdmittelalter, das man in drei Zeitabschnitte einteilt: Trias, Jura und Kreide. In der Trias sah die Welt noch ganz anders aus als heute: Es gab nur einen einzigen zusammenhängenden Kontinent namens Pangäa. Auf Pangäa war es heiß und trocken. In dieser Zeit gab es die ersten Dinosaurier.

Wichtige Wörter finden

Abschnitte finden

Zeit der Hornsaurier

Im Jura spaltete sich Pangäa auf und die Erdteile schoben sich auseinander. Dadurch wurde es auf der Erde feuchter und große, pflanzenreiche Wälder entstanden. Während der Kreidezeit lebten vermutlich die meisten Dinosaurier. Es war die Zeit der Hornsaurier, deren vielleicht bekanntester Vertreter der Triceratops ist, das „dreihörnige Gesicht".

Der Triceratops

Der Triceratops hatte ein Skelett, das dem des Nashorns ähnelt, er war aber mit 9 m Länge viel größer und konnte an die 5 Tonnen auf die Waage bringen. Mit seinem beeindruckenden Nackenschild und den drei Hörnern sah er sehr gefährlich aus. Sein papageienähnlicher Schnabel zeigt aber, dass er ein reiner Pflanzenfresser war. Seine Waffen dienten ihm möglicherweise zur Verteidigung gegen seine Feinde, den riesigen Tyrannosaurus Rex und den kleineren Deinonychus, oder im Kampf gegen Nebenbuhler.

Ausgestorben

Am Ende der Kreidezeit, vor etwa 65 Millionen Jahren, starben die Dinosaurier aus. Bis heute gibt es zwar verschiedene Überlegungen, man weiß aber nicht genau, warum.

• Überprüfe: Welche deiner Vermutungen passen zum Text?
Hat der Text deine Erwartungen erfüllt?

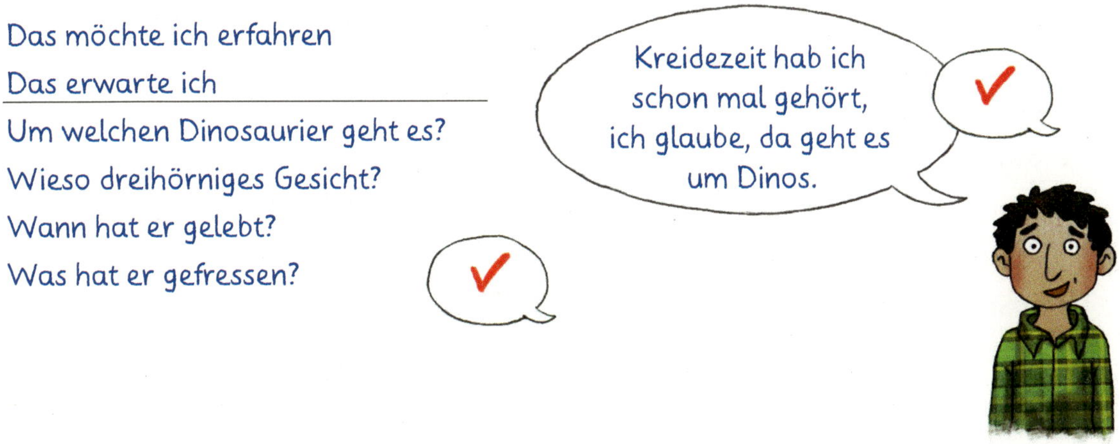

• Gestalte ein Schaubild zum Text.

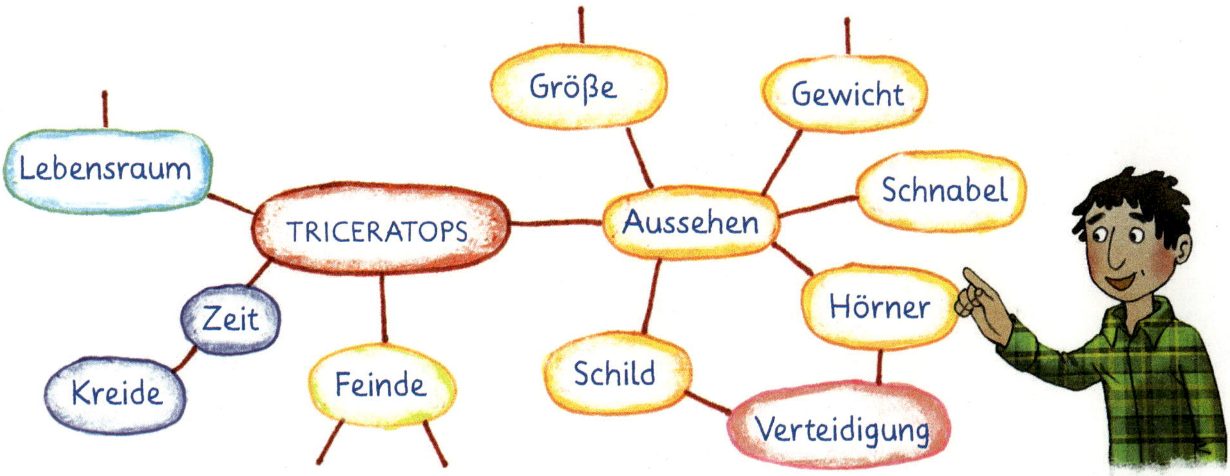

• Erkläre jemandem, worum es in dem Text geht.
Nutze dazu deine Überschriften zu den Abschnitten,
deine wichtigen Wörter und dein Schaubild.

Nicht bei jedem Text helfen alle Lese-Tipps gleich gut.
Probiere es erst alleine aus. Vergleiche dann mit einem Partnerkind.
Haben euch dieselben Tipps geholfen?
Tauscht euch in der Gruppe darüber aus,
welche Tipps besonders hilfreich waren.

Das hilft dir, verschiedene Textarten zu erkennen

Sagen sind oft schon sehr alt, früher wurden sie mündlich weitererzählt.
Daran kannst du Sagen erkennen:

- Meistens wird der Ort genannt.
- Sagen beziehen sich häufig auf etwas, das es in der Wirklichkeit gibt.
- Sagen erklären oft, woher ein Name kommt oder wieso etwas in der Natur vorkommt, wie zum Beispiel ein Felsen, der eine besondere Form hat.
- In Sagen passieren merkwürdige und magische Dinge. Es kommen auch Drachen, Zwerge oder der Teufel vor.
- Manchmal werden die Taten eines Helden erzählt. Das ist eine Heldensage.

Der Teufel und die Zwieblinger

Im Mittelalter machte der Teufel einen Abstecher nach Esslingen.
Auf dem Marktplatz war der Wochenmarkt im vollen Gange.
Der Teufel bekam Lust auf einen der knackigen Äpfel.
Er trat zu einer einheimischen Marktfrau und bat um einen solchen.
Der aufmerksamen Marktfrau stieg ein leichter Geruch von Schwefel in die Nase. Außerdem blitzte aus dem eleganten Hosenbein ein Pferdefuß hervor. Da gab sie dem Teufel statt des gewünschten Apfels eine saftige Zwiebel. Gierig biss der Teufel hinein.
Voll Abscheu rief er aus: „Das sollen Äpfel sein?
Zwiebeln sind es, scharfe Zwiebeln, deshalb sollt ihr fortan nicht mehr Esslinger heißen, sondern Zwiebel …“
Auf der Stelle verließ er die Stadt und wurde nie mehr gesehen.
Seither heißen die Einwohner von Esslingen auch Zwieblinger.

Welche Sagen gibt es aus deiner Umgebung?

Fabeln sind kurze Erzählungen, in denen Tiere sprechen können.
Daran erkennst du Fabeln:

- Die Tiere verhalten sich wie Menschen.
- Die Tiere in einer Fabel sind oft Gegenspieler.
- Meistens geht es in Fabeln um typisch menschliche Eigenschaften wie Neid, übertriebener Ehrgeiz, Faulheit oder Boshaftigkeit.
- In der Fabel ist der Fuchs oft schlau, der Rabe ist eitel, der Wolf ist grimmig, das Schaf ist dumm, der Löwe ist stark, die Maus ist mutig.
- Fabeln enthalten immer eine Lehre für richtiges Verhalten. Diese Lehre nennt man Moral.

Rabe und Fuchs

Ein Rabe hatte einen Käse gestohlen. Krächzend wollte er ihn hoch oben auf einem Baum verzehren. Ein vorbeikommender Fuchs hörte den Raben und hätte den Käse gern selbst gehabt.
Eilig begann er den Raben zu loben:
„O Rabe, was bist du für ein wunderbarer Vogel!
Dich sollte man zum König aller Vögel krönen,
so schön hört dein Gesang sich an."
Dem Raben taten diese Schmeicheleien so wohl, dass er seinen Schnabel weit aufsperrte, um noch lauter zu singen.
Da entfiel ihm der Käse.
Der Fuchs nahm den Käse behänd, fraß ihn und lachte über den törichten Raben.

Ihr könnt die Fabel auch spielen. Dann merkt ihr schnell, welche Moral sich dahinter verbirgt.

Gedichte haben ein besonderes Schriftbild.
Sie sind oft in Abschnitte unterteilt. Diese Abschnitte heißen Strophen.
Die einzelnen Zeilen der Gedichte heißen Verse.

- Es gibt ungereimte und gereimte Gedichte.
  Gereimte Gedichte können ein unterschiedliches Reimschema haben.
- In manchen Gedichten ändert sich das Reimschema.
- Viele Gedichte musst du mehrmals lesen, damit du sie verstehst.

Pflaumenbaum

Im Hofe steht ein Pflaumenbaum,
Der ist klein, man glaubt es kaum.
Er hat ein Gitter drum,
So tritt ihn keiner um.

Der Kleine kann nicht größer wer'n.
Ja größer wer'n, das möchte er gern.
's keine Red davon.
Er hat zu wenig Sonn.

Den Pflaumenbaum glaubt man ihm kaum,
Weil er nie eine Pflaume hat.
Doch er ist ein Pflaumenbaum,
Man kennt es an dem Blatt.

Bertolt Brecht

Diese Strophe hat einen Paarreim.
Je zwei aufeinanderfolgende Verse reimen sich:
a baum b drum
a kaum b um
Das Reimschema ist also a a b b.

Manche Gedichte haben einen Kreuzreim. Hier stehen die Reimwörter „über Kreuz". Es reimen sich der erste und der dritte, der zweite und der vierte Vers.
Reimschema: a b a b.

Suche im Lesebuch nach Gedichten.
Wie viele sind gereimt? Wie viele sind ungereimt?

Werbeprospekte

- Prospekte informieren über etwas Bestimmtes und werben dafür.
- Prospekte enthalten viele Angaben und meistens Fotos oder bunte Bilder.
- Oft sind einzelne Aussagen in Prospekten mit Schriftarten, Schriftgrößen, Farben oder Satzzeichen besonders hervorgehoben.
- In den Prospekten werden viele Adjektive und oft auch englische Wörter verwendet.

Formuliert richtige und falsche Aussagen zu dem Werbeprospekt.
Überlegt, wofür ihr werben möchtet.
Sammelt „Werbewörter".
Gestaltet selbst einen Prospekt.

Inhaltsverzeichnis

einfacherer Text — mittlerer Text — schwierigerer Text
Jojo Kapitel-Schnupper-Seite — Bilder-Vorlesebuch

einfacherer Text · mittlerer Text · schwierigerer Text

Jojo Kapitel-Schnupper-Seite · Bilder-Vorlesebuch

einfacherer Text · mittlerer Text · schwierigerer Text

Jojo Kapitel-Schnupper-Seite · Bilder-Vorlesebuch

einfacherer Text · mittlerer Text · schwierigerer Text

Jojo Kapitel-Schnupper-Seite · Bilder-Vorlesebuch

einfacher Text — mittlerer Text — schwierigerer Text

Jojo Kapitel-Schnupper-Seite — Bilder-Vorlesebuch

Quellenverzeichnis

58 **Andersen, Hans Christian:** Das Mädchen mit den Schwefelhölzern, nacherzählt

139 **Anger-Schmidt, Gerda:** Miau-TV macht Katzen schlau. Aus: Gerda Anger-Schmidt und Renate Habinger: Muss man Miezen siezen? Arena: Würzburg 2010

94 **Äsop:** Der aufgeblasene Frosch. Aus: Sybil Gräfin Schönfeldt: Das große Fabelbuch für Kinder. Annette Betz Verlag: Wien, München 1997

94 **Äsop:** Die kleinen und die großen Fische. Aus: Rudolf Hagelstange: Fabeln des Aesop. Ravensburger Buchverlag: Ravensburg 1989

161 **Auer, Martin:** Und wenn sie nicht gestorben sind ... (bearb.). Aus: Hans-Joachim Gelberg (Hg.): Was für ein Glück. Beltz & Gelberg: Weinheim und Basel 1993

26 **Bai, Durga, Bhajju Shyam, Ram Singh Urveti:** Das Geheimnis der Bäume, nacherzählt von Gita Wolf und Sirish Rao (bearb.). Aus dem Englischen von Eveline Masilamani-Meyer, Bild von Durga Bai, © 2008 Baobab Books, Basel/Schweiz

27 **Bai, Durga, Bhajju Shyam, Ram Singh Urveti:** Der Baum und der Mensch (Originaltitel: Das Geheimnis der Bäume), nacherzählt von Gita Wolf und Sirish Rao (bearb.). Aus dem Englischen von Eveline Masilamani-Meyer, Bild von Durga Bai, © 2008 Baobab Books, Basel/Schweiz

144 **Berner, Rotraut Susanne:** Schultaschenweitwurf (Originaltitel: Kinderjahr Haiku) (gek.). Aus: Hans-Joachim Gelberg (Hg.): Wo kommen die Worte her? Beltz & Gelberg: Weinheim und Basel 2011

28 **Blatzheim, Meike** und Beatrice Wallis (Hg.): Eine Million Bäume. Interview mit Felix Finkbeiner (Originaltitel: Lasst uns eine Million Bäume pflanzen! Interview mit Felix Finkbeiner und Lena Scheifgen), (bearb.). Aus: Jetzt tu ich was. Von der Lust, die Welt zu verändern. © 2013 Beltz & Gelberg in der Verlagsgruppe Beltz: Weinheim und Basel

120 **Bolliger, Max:** Was mir gefällt. Aus: Hinter den sieben Bergen. Dreimal dreizehn Kindergedichte. ©1995 Echter Verlag, Würzburg

19 **Bolliger, Max:** Wer hat den Schwalben. Aus: Hinter den sieben Bergen. Dreimal dreizehn Kindergedichte. Echter Verlag: Würzburg 1995

196 **Brecht, Bertolt:** Pflaumenbaum. Aus: Werner Hecht (Hg.): Werke. Gedichte 2. Suhrkamp: Berlin und Frankfurt am Main 1988

146 **Britz, Annemarie:** Die Mittagsfrau. Herausgegeben von der Stadt- und Kreisbibliothek Hoyerswerda

56 **Budde, Pit** und Josephine Kronfli: Weihnachtszeit in Mexiko (bearb.). Aus: Santa, Sinter, Joulupukk. Weihnachten hier und anderswo. Ökotopia: Münster 2002

50 **Busch, Wilhelm:** Wer Steine und Eier verpackt. Aus: Der Schmetterling. Aus: Rolf Hochhuth: Und die Moral von der Geschicht. Wilhelm Busch. Sämtliche Werke I. C. Bertelsmann in der Verlagsgruppe Random House: München 2008

121 **Buschmann, Wolfgang:** Wolkenschloss (Originaltitel: Gefugtes Gedicht). Aus: Der Dichter hat den dicksten Bauch. © VAT Verlag André Thiele: Mainz 2011

117 **Cottin, Menena:** Gelb schmeckt nach Senf (Originaltitel: Das schwarze Buch der Farben). Aus dem Spanischen von Helga Preugschat. Fischer Schatzinsel: Frankfurt am Main 2008

92, 164 **Dahl, Roald:** James und der Riesenpfirsich (bearb.). Text und Cover (von Quentin Blake). Aus dem Englischen von Inge M. Artl. Copyright © 1987 Rowohlt Verlag GmbH: Reinbek bei Hamburg

80 **De Cock, Michael:** Rosie und Moussa (bearb.). Text und Cover (von Judith Vanistendael). Aus dem Niederländischen von Rolf Erdorf. © 2013, 2016 Beltz & Gelberg: Weinheim und Basel. Copyright Text © 2010 by Michael De Cock

112 **Drvenkar, Zoran:** Zarah (bearb.). Alle Rechte beim Autor.

151 **Fatchen, Max:** A short summery thin thong song. / Ein kurzer sommerlicher Flip Flop Song (bearb.), aus dem Australischen von Sybil Gräfin Schönfeldt. Aus: Songs for My Dog and Other Wry Rhymes. Wakefield Press of Adelaide, South Australia 1999

68 **Follett, Ken:** Hopp, Hopp, Hypersprung (bearb.). Aus: Die Kinder des Universums. Übersetzung von Axel Merz. Baumhausverlag in der Bastei Lübbe GmbH & Co. KG Köln, © 2011 Bastei Lübbe GmbH & Co. KG Köln

20 **Fontane, Theodor:** Herr von Ribbeck auf Ribbeck im Havelland. Aus: Joachim Krueger und Anita Golz (Hg.): Theodor Fontane. Gedichte. Große Brandenburger Ausgabe. Aufbau: Berlin 1995

6 **Fröhlich, Roswitha:** Ich, du, er, sie, es. Aus: Hans-Joachim Gelberg (Hg.): Wo kommen die Worte her? Beltz & Gelberg: Weinheim und Basel 2011, © Dr. Felix Fröhlich, Mannheim

162, 164 **Funke, Cornelia:** Die Tür zur Bibliothek (bearb.) Text und Cover. Aus: Tintenherz. Dressler: Hamburg 2003

111 **Glöde, Martina:** Was ist länger? Was ist größer? (Originalüberschriften: Linien. Kreise), (bearb.), Übersetzung Birgit Reit. Aus: Martina Glöde (Red.-Leitung): Optische Täuschungen: mit Pop-ups und tollen Extras. Dorling Kindersley: München 2013

88 **Goertz, Sixta:** Spinnennetze (Originaltitel: Spinnen) (gek.). Aus: Bundesamt für Naturschutz (Hg.): www.naturdetektive.de. Konstantinstraße 110, 53179 Bonn; http://www.naturdetektive.de/natdet_spinnen.html; Zugriff: 09.05.2016

67 **Greschik, Stefan:** Fliegen morgen (Originaltitel: Der Flug zum Mars) (bearb.). Aus: GEOlino extra Nr. 25 © GEO 2010, Verlag Gruner + Jahr, Hamburg

8 **Grimm, Rico:** Freunde oder Feinde? (bearb.). Aus: Katrin Hörnlein, Inge Kutter (Hg.): Das große ZEIT LEO Buch. Die Welt entdecken und verstehen. © 2016 Zeitverlag Gerd Bucerius GmbH & Co. KG. © Carlsen: Hamburg 2016

19 **Guggenmos, Josef:** Das letzte Blatt. Aus: Hans-Joachim Gelberg (Hg.): Wo kommen die Worte her? Beltz & Gelberg: Weinheim und Basel 2011. © Josef Guggenmos

98 **Guggenmos, Josef:** Mit einer Blumenzwiebel. Aus: Was denkt die Maus am Donnerstag? Deutscher Taschenbuch Verlag: München 2001, Text © 1996 Josef Guggenmos

51 **Guggenmos, Josef:** Schneekristall. Aus: Hans-Joachim Gelberg (Hg.): Überall und neben dir. Beltz & Gelberg: Weinheim und Basel 1986

90 **Guggenmos, Josef:** Wie viel ist ein Glas Honig wert? (bearb.). Aus: Was denkt die Maus am Donnerstag? Deutscher Taschenbuch Verlag: München 2001, Text © 1996 Josef Guggenmos

52 **Güll, Friedrich Wilhelm:** Winterrätsel. Aus Friedrich Wilhelm Güll und Franz Pocci: Kinderheimat in Liedern und Bildern. Insel: Frankfurt a. M. 1975

75 **Gumppenberg, Hanns von:** sehnsuchtsstränentröpfeltrauerbang. Aus: Sommermädchenküssetauschelächelbeichte (bearb.). Aus: Uwe-Michel Gutzschhahn (Hg.): Ununterbrochen schwimmt im Meer der Hinundhering hin und her. cbj Kinder- und Jugendbuchverlag in der Verlagsgruppe Random House: München 2015

77 **Gumppenberg, Hanns von:** Sommermädchenküssetauschelächelbeichte (bearb.). Aus: Uwe-Michel Gutzschhahn (Hg.): Ununterbrochen schwimmt im Meer der Hinundhering hin und her. cbj Kinder- und Jugendbuchverlag in der Verlagsgruppe Random House: München 2015

64 **Haberstock, Meike:** Anton hat Zeit (Originaltitel: Anton hat Zeit, aber keine Ahnung, warum!), (bearb.). Oetinger: Hamburg 2015

30 **Hackbarth, Annette:** In der Erde tobt das Leben (Originaltitel: Der Wald hat viele Helfer), (bearb.). Aus: Wald. Mehr als nur Bäume. Tessloff: Nürnberg 2014

148, 164 **Heesen, Martha:** Arend (bearb.). Aus: Mein Bruder, die Neuen und ich. Text und Cover. Aus dem Niederländischen von Rolf Erdorf. Gerstenberg: Hildesheim 2017

6 **Herold, Gottfried:** Briefwechsel. Aus: Hans-Joachim Gelberg (Hg.): Großer Ozean. Beltz & Gelberg: Weinheim und Basel 2000

74 **Herzog, Annette** (Text) und Katrine Clante (Bilder): I am. Aus: Annette Herzog (Text) und Katrine Clante (Bilder): Pssst!. Text und Bilder. Peter Hammer: Wuppertal 2016

72, 164 **Herzog, Annette** (Text) und Katrine Clante (Bilder): Pssst! (bearb.). Text, Bilder und Cover. Peter Hammer: Wuppertal 2016

116 **Hohler, Franz:** Der Strand (bearb.). Aus: Jürg Schubiger und Franz Hohler: Aller Anfang. Beltz & Gelberg: Weinheim und Basel 2006

95 **Just, Lorenz:** Die Spinne (bearb.). Aus: Mohammed. Das unbekannte Leben des Propheten. Gabriel in der Thienemann-Esslinger Verlag GmbH: Stuttgart 2015

144 **Kaléko, Mascha:** Der Sommer (Originaltitel: Die vier Jahreszeiten) (gek.). Aus: Die paar leuchtenden Jahre. Deutscher Taschenbuch Verlag: München 2003

50 **Kaneko, Misuzu:** Schnee auf der Erde. Aus: Masayo Koike (Ed.): Dossari no boku. Ikiru kotoba, ©2007 by Akane Shobō, Tōkyō, gefunden in: Arche Kinder Kalender 2011, hrg. v. IJB, Woche vom 17.1.-21.1., übersetzt von Funiko Ganzenmitter

51 **Kästner, Erich:** Es tickt die Zeit. Strophe aus dem Gedicht „Der dreizehnte Monat". Aus: Die 13 Monate. Artium: Zürich 1955

13, 164 **Kästner, Erich:** Herrn Bremser geht ein Licht auf. Aus: Pünktchen und Anton. Ein Comic von Isabel Kreitz. Text, Bilder und Cover. Dressler: Hamburg 2009

124 **Kästner, Erich:** Weltreise durchs Zimmer (bearb.). Aus: Das Schwein beim Frisör und andere Geschichten. Dressler: Hamburg 1962

24, 164 **Kilaka, John:** Der wunderbare Baum (bearb.). Text, Bilder und Cover. Aus dem Englischen von Barbara Brennwald. © Baobab Books, Ch-4053 Basel: Basel 2009

32 **Klein, Martin:** Wie ein Baum. Der Sommer, in dem Florian Erdmann sein grünes Wunder erlebte (bearb.). Tulipan: Berlin 2012

139 **Krausnick, Michail:** Werbespott. Aus: Hans-Joachim Gelberg (Hg.): Der große Ozean. Beltz & Gelberg: Weinheim und Basel 2000

89 **Kruse, Max:** Fischwunder. Aus: Amelie Fried (Hg.): Ich liebe dich wie Apfelmus. Die schönsten Gedichte für Kleine und Große. cbj Kinder- und Jugendbuchverlag in der Verlagsgruppe Random House: München 2006. Text: © Max Kruse

63 **Kulot, Daniela:** Marsmädchen sind ganz anders (bearb.). Text und Bilder. © 2010 by Planet Girl Verlag: Thienemann: Stuttgart/Wien 2010

35 **Legende aus Borneo:** Der Wald gehört Pulang Gana. Aus: Pit Budde und Josephine Kronfli: Regenwald & Dschungelwelt. Ökotopia: Münster 2006

105 **Leichert-Moja, Erika** (Text) und Erwin Kuna (Melodie): Europa-Fahrradsong. Aus: Europa Fahrradsong. Lieder zur Verkehrserziehung. Westermann Lernspiel, Braunschweig. © Bildungshaus Schulbuchverlage, Braunschweig

22 **Lesaffre, Guilhem:** Der große Vogelzug der Kraniche (bearb.). Übersetzung von Bettina Runge und Elaine Hagedorn. Aus: Zugvögel. Knesebeck: München 2003

150 **Lich, Barbara** und Jan Pust: Erdbeer-Smoothie (Originaltitel: Schmackhafter Shake) (bearb.). Aus: GEOlino Nr. 7, Juli 2010 © GEO 2010, Verlag Gruner + Jahr: Hamburg

48, 164 **Lie, Bjørn R.:** Winterspaß im Slapsefjell (bearb.). Text, Bilder und Cover. Aus dem Norwegischen von Maike Dorries. Kunstanstifter: Mannheim 2016

50 **Lie, Bjørn R.:** Winterspaß (Originaltitel: Winterspaß im Slapsefjell) (bearb.). Aus dem Norwegischen von Maike Dorries. Kunstanstifter: Mannheim 2016

100, 164 **Lindgren, Astrid:** Ronja Räubertochter (gek.). Aus dem Schwedischen von Anna-Liese Kornitzky. Bilder von Ilon Wikland. Text, Bild und Cover. Oetinger: Hamburg1982

128, 164 **Ludwig, Sabine:** Der 7. Sonntag im August (bearb.), Text und Cover (von Isabel Kreitz). Dressler: Hamburg 2008

10, 164 **Ludwig, Sabine:** Hilfe, ich hab meine Lehrerin geschrumpft (bearb.). Text und Cover (von Isabel Kreitz). Cecilie Dressler: Hamburg 2006

152, 164 **Ludwig, Sabine:** Hilfe, mein Lehrer geht in die Luft! (bearb.), Bilder von Isabel Kreitz. Text, Bilder und Cover. Dressler: Hamburg 2016

79 **Maar, Paul:** Der Esel. Aus: Das fliegende Kamel. Oetinger: Hamburg 2010

52 **Maar, Paul:** Die Kälte. Aus: Das fliegende Kamel. Oetinger: Hamburg 2010

62 **Maar, Paul:** In hundert Jahren. Aus: JAguar und NEINguar. Oetinger: Hamburg 2007

91 **Manke, Johanna:** Insektenhotel (bearb.). Text und Bild. Aus: GEOlino Nr. 9, September 2014 © 2014 Verlag Gruner + Jahr, Hamburg; http://www.geo.de/geolino/basteln/13490-rtkl-bastel-tipp-insektenhotel; Zugriff 01.02.2017; GEOlino.de, G+J Wissen GmbH, Redaktion GEO.de, 20444 Hamburg

78 **Märchen aus der Türkei:** Der Fisch mit dem goldenen Bart (gek.). Nacherzählt von: Hekaya, übersetzt von Guido Adam; www.hekaya.de; Zugriff: 27.06.2017

109 **Mennel, Wolfgang:** Manche Dinge kann man nur dann farbig sehen, wenn man die Augen fest geschlossen hat (gek.). Aus: Hans-Joachim Gelberg (Hg.): Der große Ozean. Beltz & Gelberg: Weinheim und Basel 2000

71 **Mtshali, Oswald Mbuyiseni:** Sonnenuntergang („Sunset"). Aus dem Englischen von Henning Ahrens. Aus: Wole Soyinka (Hg.): Poems of Black Africa. London: Secker & Warburg 1975. © Oswald Mbuyiseni Mtshali 1975. Reprinted by permision of ANFASA. Zitiert nach: Susan Kreller (Hg.): Der beste Tag aller Zeiten. Weitgereiste Gedichte. Carlsen: Hamburg 2013

29 **Nicolas, Timo:** Und sie klettern doch! (bearb.) taz.de v. 11.07.2015, taz Verlags u. Vertriebs GmbH, Rudi-Dutschke-Str. 23, 10969 Berlin; www.taz.de; Zugriff: 05.05.2017

76 **Nilsson, Ulf:** Herz Schmerz (bearb.). Aus dem Schwedischen von Ole Könnecke. Moritz Verlag: Frankfurt am Main 2013

36, 164 **Obrist, Jürg:** Spy Eye verschwindet (bearb.). Text, Bilder und Cover. Aus: Pepper greift ein. Minikrimis zum Mitraten und Englischlernen. © 2007 Deutscher Taschenbuchverlag: München

23 **Oftring, Bärbel:** Herbst bei den Astronomen (gek.). Aus: Entdecke die Natur in Herbst und Winter. Ensslin im Arena Verlag: Würzburg 2004

82 **Pehnt, Annette:** Bosto (bearb.). Aus: Barbara Gelberg: Starke Freunde. Beltz & Gelberg: Weinheim und Basel 2010. © Annette Pehnt

75 **Richter, Jutta:** Guter Rat. Aus: Amelie Fried (Hg.): Ich liebe dich wie Apfelmus. Die schönsten Gedichte für Kleine und Große. cbj Kinder- und Jugendbuchverlag in der Verlagsgruppe Random House: München 2006. Text: © Jutta Richter

110 **Rübel, Doris:** So sehen wir (Originalüberschrift: Womit können wir sehen und hören?). Aus: Wir entdecken unseren Körper. Ravensburger Buchverlag Otto Maier: Ravensburg 2012

109 **Saint-Exupéry, Antoine de:** Man sieht nur mit dem Herzen gut. Aus: Der kleine Prinz. Übersetzung von Susan Niessen. Loewe: Bindlach 2015

84 **Sanna, Francesca:** Die Flucht (bearb.). Aus dem Englischen übersetzt von Thomas Bodmer. © NordSüd Verlag: Zürich 2016 für die deutschsprachige Ausgabe. Die Originalausgabe erschien 2016 unter dem Titel „The Journey" bei Flying Eye Books, einem Imprint von Nobrow Ltd. Text und Illustration © 2016 Francesca Sanna

16, 165 **Schärer, Kathrin:** Der Tod auf dem Apfelbaum. Text, Bilder und Cover. Copyright © 2015 Atlantis, an imprint of Orell Füssli Verlag AG, Zurich, Switzerland

135, 165 **Schlüter, Andreas:** Das Spiel beginnt (bearb.). Text und Cover (von Karoline Kehr). Aus: Level 4 - Die Stadt der Kinder. Deutscher Taschenbuch Verlag, dtv junior: München 2004

118, 165 **Schomburg, Andrea** (Text), Dorothee Mahnkopf (Bilder): Vier Wochen Glück (bearb.). Aus: Lisa und das Fluff. Text, Bilder und Cover. Tulipan: München 2017

62 **Schomburg, Andrea** (Text), Dorothee Mahnkopf (Bilder): Kreidepferdchen (bearb.). Aus: Professor Murkes streng geheimes Lexikon der ausgestorbenen Tiere, die es nie gab. Text und Bild. Tulipan: München 2016

60, 165 **Schomburg, Andrea** (Text), Dorothee Mahnkopf (Bilder): Professor Murkes streng geheimes Lexikon (Originaltitel: Professor Murkes streng geheimes Lexikon der ausgestorbenen Tiere, die es nie gab (bearb.). Text, Bilder und Cover. Tulipan: München 2016

77 **Schönen, Michael:** Überschrift Doppelpunkt Diktat (bearb.). Aus: Uwe-Michel Gutzschhahn (Hg.): Ununterbrochen schwimmt im Meer der Hinundhering hin und her. cbj Kinder- und Jugendbuchverlag in der Verlagsgruppe Random House: München 2015

144 **Schreiber-Wicke, Edith:** Grillen zirpen (bearb.). Aus: Es schnurrt und schnattert, surrt und flattert – Lauter Lautmalereien. © 2015 Thienemann in der Thienemann Esslinger Verlag GmbH Stuttgart

116 **Schubiger, Jürg:** Augen (bearb.). Aus: Jürg Schubiger und Franz Hohler: Aller Anfang. Beltz & Gelberg: Weinheim und Basel 2006

18 **Schubiger, Jürg:** Herbstgedicht. Aus: Hans-Joachim Gelberg (Hg.): Großer Ozean. Beltz & Gelberg: Weinheim und Basel 2000

4, 165 **Schubiger, Jürg** (Text) und Eva Muggenthaler (Bilder): Tausend Dummheiten (bearb.). Text, Bilder und Cover. Peter Hammer: Wuppertal 2016. Text aus: Jürg Schubiger: Als die Welt noch jung war und die anderen Geschichten. Beltz & Gelberg: Weinheim und Basel 2011

120 **Schwarz, Regina:** Klettergerüst. Aus: Zungenbrecher, Sprachsalat, Mitmachreime, Quatschspinat. Ravensburger Buchverlag, Otto Maier: Ravensburg 2013

130, 165 **Smith, Lane:** Das ist ein Buch! (bearb.). Text, Bilder und Cover. Aus dem Amerikanischen von Michael Krüger. © 2010 Lane Smith; alle Rechte der deutschen Ausgabe © Sanssouci im Carl Hanser Verlag: München 2010

86, 165 **Socha, Piotr:** Die Riesenhonigbiene in Asien (bearb.). Aus dem Polnischen von Thomas Weiler. Text, Bild und Cover. Aus: Bienen. Gerstenberg Verlag: Hildesheim 2016

88 **Socha, Piotr:** Ein Kilo Honig (bearb.). Aus dem Polnischen von Thomas Weiler. Text und Bild. Aus: Bienen. Gerstenberg Verlag: Hildesheim 2016

75 **Spohn Jürgen:** Wie heißt du denn? (bearb.). Aus: Amelie Fried (Hg.): Ich liebe dich wie Apfelmus. Die schönsten Gedichte für Kleine und Große. cbj Kinder- und Jugendbuchverlag in der Verlagsgruppe Random House: München 2006. Text: © Barbara Spohn

147 **Stamer, Barbara:** Wie der Zaunkönig das himmlische Feuer holte (bearb.). Aus: Märchen vom Feuer. Fischer: Frankfurt am Main 1996

65 **Stamm, Peter:** Als wir auf dem Mond wohnten. Aus: Warum wir vor der Stadt wohnen. © S. Fischer Verlag: Frankfurt am Main 2010

41 **Stemm, Antje von:** Fingerabdruckpulver (bearb.). Aus: Extrembasteln mit Krims Kramuri. Gerstenberg: Hildesheim 2006

142, 165 **Teckentrup, Britta:** Eitel Sonnenschein (bearb.). Aus: Alle Wetter. Text, Bilder und Cover. Verlagshaus Jacoby & Stuart, Berlin: 2015

106, 165 **Turkowski, Einar:** Der Rauhe Berg (bearb.). Text, Bilder und Cover. Atlantis Verlag, Orell Füssli: Zürich 2012

53 **Vaugelade, Anaïs:** Steinsuppe (bearb.). © 2000 Moritz Verlag, Frankfurt am Main. Aus dem Französischen von Tobias Scheffel. Titel der französischen Originalausgabe: Une soupe au calliou © 2000 l'école des loisirs, Paris

96, 165 **Waibel, Petra:** Frau Bertas ganz persönlicher Frühling (bearb.). Text, Bilder und Cover. © 2013 Verlag Ingeborg Hanreich: Wien

44, 165 **Walliams, David:** Gangsta-Oma (bearb.). Aus dem Englischen von Salah Naoura. Text und Cover (von Tony Ross). Rowohlt: Reinbek bei Hamburg: Hamburg 2016

42, 165 **Weber, Benedikt:** Charlie ist unschlagbar (bearb.). Text und Cover. Aus: Ein Fall für die Schwarze Pfote. Geld oder Leben! Tulipan: Berlin 2011

9 **Welsh, Renate:** Die Brücke. Aus: Gerri Zotter: Das Sprachbastelbuch. Otto Maier Verlag: Ravensburg 1977. © 1975 Verlag Jugend und Volk: Wien und München

62 **Wittkamp, Frantz:** Alles war Dunkelheit. Aus: Ich glaube, daß du ein Vogel bist. Beltz Verlag: Weinheim und Basel 1987

98 **Zartl, Elisabeth:** Schneefall im Frühling. Aus: Blütenwunder. Haiku-Poesie für Kinder. Don Bosco: München 2009

104 Blumenpresse (bearb.) © Labbé; http://www.labbe.de/zzzebra/index.asp?themaid=247&titelid=1399; Zugriff 6.3.2017

40 Das Morse-Alphabet. Copyright © LABBÉ GmbH, D-50126 Bergheim

120 Das Spiel „Mensch ärgere Dich nicht". Aus: Hans-Joachim Gelberg (Hg.): Wo kommen die Worte her? Beltz & Gelberg: Weinheim und Basel 2011

186 Die Leserolle nach einer Idee vom Landesinstitut für Schule und Medien Berlin 2003; http://bildungsserver.berlin-brandenburg.de/leserolle.html; Zugriff 3.11.2014

126 Fünfmal Staunen über Spielen. Aus: GEOlino Nr. 5, Mai 2016 © GEO 2016, Verlag Gruner + Jahr, Hamburg

18 Rund um den Apfel (Originaltitel: Gib mir 5. Süß, sauer, saftig: Die Erntezeit der Äpfel beginnt jetzt, zum Ende des Sommers), (bearb.). Aus: GEOlino Nr. 9, September 2016, Verlag Gruner + Jahr: Hamburg

103 Was war zuerst da, die Henne oder das Ei? (gek.) Aus: WDR, Wissen macht AH!, © WRD http://www.wdr.de/tv/wissenmachtah/bibliothek/huhnoderei.php5; Zugriff 6.3.2017

Fotos und Bilder

Cover Shutterstock/asharkyu;shutterstock/igorad1

7 Schule in Griechenland und Schule in Syrien. Aus: Patricia Thoma (Hg.): Willkommen in Deutschland. Kinder in Willkommensklassen. Verlagshaus Jacoby & Stuart: Berlin 2016

22 Shutterstock / harith

26 Mitte re.: mauritius images / Frank Hecker / Alamy; u. re.: mauritius images / imageBROKER / Kreutzer

28 o.: Plant-for-the-Planet © 2012 by Christian Schmid, Hamburg; u.: mauritius images / Jenny Matthews / Alamy

31 u. li.: Shutterstock/Henrik Larsson; u. Mitte: picture alliance/WILDLIFE; u. re.: picture alliance/WILDLIFE

51 Spiel mit dem Feuer. Nach einer Idee von Peter Jenny: Ihr Spiel mit dem Feuer: Kreativität mit rotem Kopf (bearb.). Schmidt: Mainz 2010

57 Tanja Glatz, Reken

66 o.: ullstein bild / taglichtmedia; u.: picture alliance / Kai Schwörer

67, 165 o.: Otto Lilienthal gliding (1895) © Juulijs; Mitte: © NG Images / Alamy; u. li.: © Verlagsgruppe Random House GmbH, München; u. Mitte: Ispace © 2014 Franckh-Kosmos Verlags GmbH & Co. KG, Stuttgart; u. re.: National Geographic KiDS „Mission zum Mars" 12/16, Copyright Panini Verlags GmbH 2016

70, 165 Ken Follett: Die Kinder des Universums. Übersetzung von Axel Merz. Baumhausverlag in der Bastei Lübbe GmbH & Co. KG Köln, © 2011 Bastei Lübbe GmbH & Co. KG Köln

85 picture alliance/dpa-Bildarchiv

89 li.: Colourbox; re.: Colourbox

93, 165 u. li.: Roald Dahl: James und der Riesenpfirsich. Hörbuch. Der Hörverlag, 24. Mai 2016

104 Think Photography I/S

109 Ilusión óptica, figura y fondo, copa, caras, ilustración © Maika

111 re.: Shutterstock / Copyright © 2000–2006 Adobe Systems, Inc.

120 © Bundesministerium der Finanzen – Henning Wagenbreth

122 o.: Shutterstock / rj lerich; u.: Shutterstock / Monkey Business Images

123 o.: Shutterstock / Monkey Business Images; u.: Shutterstock / v.s.anandhakrishna

125 Olivier Renck / Aurora / laif

153 © Isabel Kreitz, Hamburg

154 o.: Nationalbibliothek der Tschechischen Republik / Eva Hodíková; u.: Stadtbibliothek Stuttgart / yi architects, Foto: martinlorenz.net

155 Bleeker, The Rechargeable Dog, © Mahood / Distr. Bulls

157 ullstein bild/Schleyer

158 © Isabel Kreitz, Hamburg

159 Basso Cannarsa/Opale/Leemage/ddp images

160 Bleeker, The Rechargeable Dog, © Mahood / Distr. Bulls

187 Cover Gespensterjäger auf eisiger Spur © 1993 Loewe Verlag, Bindlach

189, 190, 192 Shutterstock / Hedzun Vasyl

197 Shutterstock/Poznyakov

Auflösungen

Seite 7 HESLCU = Schule

Seite 18 BELNE = Leben, Nebel

Seite 27 DEER = Erde, Rede

Seite 37

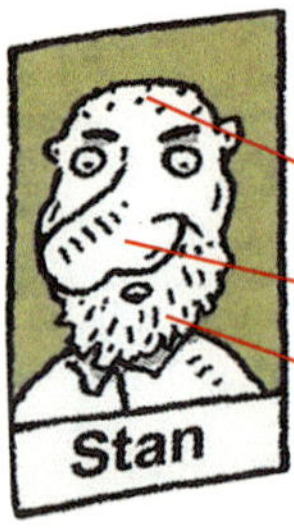

Seite 38 Das wurde gestohlen: vier Uhren, drei Ringe und zwei Ketten.

Seite 39 Rückwärts-Code: Die Wundermaschnine Spy Eye kann durch Wände hindurchsehen.
Spiegel-Code: Fingerabdruckpulver macht den Abdruck sichtbar.
Gruppen-Code: Der Club der Schwarzen Pfote
Morse-Code: Dieb
IZOLPIE = Polizei

Seite 40

J	E	R	R	Y
· − − −	·	· − ·	· − ·	− · − −

S	T	A	N
· · ·	−	· −	− ·

S	U	E
· · ·	· · −	·

CH	U	C	K
− − − −	· · −	− · − ·	− · −

Seite 51 CESHNECLFKEON = Schneeflocken

Seite 63 IRSEEN = reisen, Riesen, seiner, reines, Einser, eisern, Serien, Sirene

Seite 75 LBIE = lieb, Leib, Beil, Blei

Seite 88 KNSITE = Insekt, Kisten, stinke, kniest

Seite 98 GEWIZE = Zweige

Seite 99 Der Delfin legt keine Eier.

Seite 108 NAGUE = Augen, genau

Seite 120 NINTSE = Tennis, nisten

Seite 133 IMNEDE = Medien, meiden, mieden, deinem

Seite 145 IRFNEE = Ferien, feiner, eifern, riefen, Reifen, feiern, freien, Freien

Seite 155 CNEEEZLSIEH = Lesezeichen

Jo-Jo

Lesebuch 4

Erarbeitet von Katja Eder, Silke Fokken, Tanja Glatz, Nicola Kiwitt

Unter Einbeziehung der Ausgabe von Katja Eder, Silke Fokken, Tanja Glatz, Manuela Hantschel, Erna Hattendorf, Martin Wörner

Beratung von Stephanie Aschenbrandt (Berlin), Katharina Böer (Wedemark), Gabriele Janyska (Gütersloh), Katharina Mowitz (Detmold), Monika Reiff (Tübingen)

Redaktion Dr. Birgit Waberski

Illustrationen Sabine Wiemers, Imke Sönnichsen

Umschlagillustration Barbara Jung

Gesamtgestaltung und technische Umsetzung Heike Börner

www.cornelsen.de

1. Auflage, 1. Druck 2018

Alle Drucke dieser Auflage sind inhaltlich unverändert und können im Unterricht nebeneinander verwendet werden.

Druck: Mohn Media Mohndruck, Gütersloh

ISBN 978-3-06-080871-7 (Schülerbuch)
ISBN 978-3-06-081064-2 (E-Book)

PEFC
PEFC/04-31-1033

PEFC zertifiziert
Dieses Produkt stammt aus nachhaltig bewirtschafteten Wäldern und kontrollierten Quellen.

www.pefc.de

Jo-Jo

Sprachbuch 4

Lernspuren

Das kann ich schon

Name: Dimana Paneva

Klasse: P4 DE A

Cornelsen

Wörter mit ä und äu

Datum:

① Entscheide: ä oder e, äu oder eu. Trage die richtige Lösung ein.

ä/e

T___ller
___rmel
gef___hrlich
w___rmer
z___rtlich
F___hler
T___lefon
G___rtner

äu/eu

H___ser
h___fig
F___er
tr___
K___fer
L___fer
f___cht
Kr___z
Kr___ter
h___len

② Suche dir fünf Wörter aus Aufgabe 1 aus. Schreibe sie mit ihrer Ableitung auf.

____

____

____

____

____

③ Entscheide: ä oder e, äu oder eu. Trage die richtige Lösung ein.

Es ist H___rbst. Die l___chtenden Bl___tter fallen von den B___men und bed___cken den Waldboden mit Laub. Viele Tiere bereiten sich auf die K___lte des Winters vor. Einige Vögel fliegen lieber in den Süden. Die W___rme dort ist für sie ertr___glicher. Man n___nnt diese Vögel Zugvögel. Im n___en Jahr kehren ab März die ___rsten Zugvögel zurück.

Diese Seite fand ich ○ leicht ○ mittel ○ schwer

Wörter mit Doppelkonsonanten

Datum:

① Schreibe die Verben in allen Personalformen auf.

	rennen	müssen	wollen
ich			
du			
er, sie, es			
wir			
ihr			
sie			

② Zerlege die zusammengesetzten Nomen in ein Verb und ein Nomen.

Schwimmbad   Treffpunkt   Tippschein   Gewinnspiel   Abstellraum

Diese Seite fand ich ○ leicht ○ mittel ○ schwer

Kleine Merkwörter (M)

Datum:

① Lies den Text. Wähle das passende Wort aus und trage es ein.

Lotte freut sich, __________ sie ihre Tante besuchen darf.
(wenn/damit)

__________ sie neun Jahre alt ist, fährt sie allein mit der Bahn,
(trotzdem/seit)

__________ sie zweimal umsteigen muss. Heute hat Tante Elli
(dass/obwohl)

wenig Zeit, __________ will sie mit Lotte einen Einkaufsbummel
(trotzdem/falls)

machen. __________ sie losgehen, schreiben sie eine Liste,
(bevor/dann)

__________ sie nichts vergessen. Dann fahren sie zum
(damit/dann)

Einkaufszentrum, __________ es dort interessante Geschäfte gibt.
(dass/weil)

Lotte fragt, __________ sie in die Hüpfburg darf. Sie hofft,
(ob/deshalb)

__________ ihre Tante das erlaubt.
(dass/wenn)

② Suche dir drei der blauen Wörter aus Aufgabe 1 aus.
Bilde mit jedem Wort einen Satz.

____

____

____

____

____

Diese Seite fand ich ○ leicht ○ mittel ○ schwer

Merkwörter mit ß (M)

Datum:

① Setze die Wörter passend in die Sätze ein. Male alle ß an.

Fußballschuhe groß weiß heiße begrüßen schießen

außen reißt heiß Anstoß Fußballspiel fleißig

Ich ____________ Tim. Heute ist mein erstes ______________________.

Ich habe ____________ trainiert. Meine ___________________ sind neu.

Mein Trikot ist __________.

Ich möchte gerne ein Tor _______________.

Ich spiele rechts ____________.

Wir _______________ die Gegner.

Meine Aufregung ist ____________.

Meine Stirn fühlt sich ganz ____________ an.

Der Schiedsrichter ruft zum ______________.

Mein Gegner ____________ mich um.

② Überlege dir drei Wörter mit ß. Schreibe mit jedem ß-Wort einen Satz.

____

____

____

____

____

____

Diese Seite fand ich O leicht O mittel O schwer

Strategien anwenden

Datum:

① Ordne die Wörter nach Wortfamilien.
Male das h im Wortstamm an.
Finde zu jeder Wortfamilie ein weiteres Wort.

Gefahr • ernähren • Fühler • nahrhaft
verehren • fühlbar • ehrlich • Nährstoff
gefährlich • fühlen • Ehrgeiz • abfahren

____

____

____

____

____

____

② Kreuze für alle Wörter die passenden Strategiezeichen an.
Manchmal musst du für ein Wort zwei Strategien anwenden.

			M
Fußball			
Schwimmbäder			
gefährlich			
Pullover			
täglich			
männlich			
schnell			

Diese Seite fand ich O leicht O mittel O schwer

Strategien anwenden

Datum:

1. Lies den Text. Unterstreiche alle acht Wörter, die du ableiten kannst.

Die Wiese gehört zu den artenreichsten Lebensräumen. Sie ist eine Grünfläche aus Gräsern, Blumen und Kräutern und steckt voller Leben: Insekten, Mäuse, Grillen und viele andere Tiere tummeln sich hier. Eine Wiese besteht aus mehreren Stockwerken. Im Keller der Wiese gräbt z. B. der Maulwurf lange unterirdische Gänge. Im Erdgeschoss wachsen kleine Pflänzchen. Über den Boden krabbeln Ameisen und Käfer. Im Mittelgeschoss leben Heuschrecken, Spinnen und Schnecken. Die oberste Schicht der Wiese nennt man die Blütenschicht. Hier leben vor allem fliegende Insekten. Bienen, Hummeln und Schmetterlinge sammeln in den Blüten Pollen und Nektar.

2. Schreibe sechs der unterstrichenen Wörter mit ihren Ableitungen auf.

____

____

____

____

____

____

3. Schreibe drei Wörter aus dem Text auf, die du verlängern musst

____

____

4. Wie viele Merkwörter findest du in dem Text? ________

Diese Seite fand ich ○ leicht ○ mittel ○ schwer

1. Finde die Adjektive im Text.
Schreibe sie in den Vergleichsstufen auf.

Seit gestern geht ein neuer Schüler in unsere Klasse. Er ist größer als ich und auch schon ein Jahr älter als die anderen Kinder in der 4b. Fabio kommt aus Italien und spricht noch nicht so gut Deutsch. Aber Glück für Fabio: Unsere Lehrerin kann Italienisch.

Grundform	1. Vergleichsstufe	2. Vergleichsstufe

2. Suche im Text vier Verben aus.
Schreibe sie in der Gegenwart und in der Vergangenheit auf.

	Gegenwart	Vergangenheit	Gegenwart	Vergangenheit
ich				
er				
wir				

	Gegenwart	Vergangenheit	Gegenwart	Vergangenheit
ich				
er				
wir				

Diese Seite fand ich O leicht O mittel O schwer

Zweiteilige Prädikate

Datum:

(1) Unterstreiche die zweiteiligen Prädikate im Text. Schreibe die Verben auf.

Heute stelle ich meiner Klasse ein Waldtier vor.
Dazu hänge ich mein Plakat an der Tafel auf
und lege Fotos aus. Ich trage meinen Text vor.
Die anderen prägen sich die Informationen ein.
Beim Quiz am Ende fallen den anderen Kindern
viele Antworten ein.

(2) Bilde aus den Wortbausteinen und den Verben neue Verben.
Schreibe Sätze damit auf.

weg- aus- an- auf-

ziehen • bringen • fahren • malen

Diese Seite fand ich O leicht O mittel O schwer

Datum:

① Setze die Verben in die richtige Zeit.

	Präteritum	Perfekt
sie singt		
er lacht		
sie malt		
er isst		
sie ruft		
er schreibt		
sie geht		
er bringt		

② Unterstreiche in jedem Satz das Verb und bestimme die Zeit.

An Mamas Geburtstag machte Papa das Frühstück. ____________

Max hat für Mama ein Bild gemalt. ____________

Lisa schenkte ihr einen Blumenstrauß. ____________

Oma und Opa haben Mama ein selbst gemachtes Fotobuch mitgebracht. ____________

Mittags rief Tante Maria aus Berlin an. ____________

Nachmittags kam Mamas beste Freundin zu uns. ____________

Wir haben alle zusammen Erdbeertorte gegessen. ____________

Mama fand den Tag sehr schön. ____________

Diese Seite fand ich ○ leicht ○ mittel ○ schwer

① Unterstreiche die Verben in der Gegenwart.

Mona besucht ihren Papa. Zuerst gehen sie zusammen in die Stadt. Am Nachmittag essen sie in einem Café Waffeln. Später laufen sie durch Monas Lieblingsstraße zurück. Zu Hause kocht Papa seine leckere Spaghettisoße. Nach dem Essen schauen sie noch eine DVD an. Am nächsten Tag bringt Papa sie wieder zur Bahn. Mona freut sich schon auf das nächste Wochenende bei Papa.

② Schreibe den Text in der Zukunft auf.

Die vier Fälle des Nomens

Datum:

1. Setze die Nomen in den passenden Fällen in den Text ein.

der Eisbär   des Eisbären   dem Eisbären   den Eisbären

________________________ lebt in der Arktis.

Das gelblich-weiße Fell ________________________ dient

in der schneebedeckten Landschaft als Tarnung.

________________________ ist ein Raubtier.

________________________ sollte man besser

nicht zu nahe kommen, denn als Raubtier kann er

schnell und gefährlich für den Menschen sein.

Menschen sollten ________________________ nur aus großer

Entfernung beobachten, auch um ihn nicht zu stören.

Robben fürchten ________________________ sehr, denn sie

stehen auf der Speisekarte ________________________.

2. Trage in die Tabelle ein, mit welchen Fragen du die 4 Fälle findest.
Setze dann *die Möwe* oder *das Raubtier* in die 4 Fälle.

Fall	Frage	*die Möwe* oder *das Raubtier*
Nominativ		
Genitiv		
Dativ		
Akkusativ		

Diese Seite fand ich O leicht O mittel O schwer

① Ergänze die Regeln mit den passenden Fragen.

Nach dem Dativobjekt frage ich: ______________________

Nach dem Akkusativobjekt frage ich: ______________________

② Unterstreiche in den Sätzen das Dativobjekt hellgrün und das Akkusativobjekt dunkelgrün.

Am Morgen hat Mia einen ganz heißen Kopf.
Das Schlucken fällt Mia schwer. Sie ruft ihre Mama.
Die Mutter bringt Mia das Fieberthermometer.
Mia hat hohes Fieber.
Mama kocht Mia einen Tee.
Mia möchte nur noch schlafen.
Später ruft Mama die Kinderärztin an.

③ Finde für die Sätze passende Ergänzungen.

Papa kauft ______________________ .
Akkusativobjekt

Das Handy gehört ______________________ .
Dativobjekt

Luisa antwortet ______________________ .
Dativobjekt

Nikolas plant ______________________ an die Nordsee.
Akkusativobjekt

Tante Ruth schenkt ______________________ ______________________ .
Dativobjekt — Akkusativobjekt

Die Kinderärztin verschreibt ______________________ ______________________ .
Dativobjekt — Akkusativobjekt

Jasmin bringt ______________________ ______________________ .
Dativobjekt — Akkusativobjekt

Diese Seite fand ich ○ leicht ○ mittel ○ schwer

Wörtliche Rede und Redebegleitsätze

Datum:

① Tante Maria ist zu Besuch und unterhält sich mit Julian.
Trage passende Redebegleitsätze ein. Setze die Redezeichen.

antworten • sagen • fragen • wissen wollen
erklären • sich erkundigen • nachfragen • überlegen
meinen • entgegnen • erwidern • staunen

___Na, mein Junge, wie geht es dir?___, ______________________

______________________ ___Ganz gut, alles ok.___

___Und was macht ihr so alles in der Schule?___, ______________________

___Och, wir rechnen und lesen und schreiben___, ______________________

______________________ ___Mehr nicht?___

______________________ ___Doch, wir turnen auch noch und singen.___

___Und was magst du am liebsten?___, ______________________

___Am liebsten___, ______________________, ___am liebsten mag ich Spaghetti.___

② Überlege dir einen Satz mit wörtlicher Rede. Schreibe den Satz so auf, dass der Redebegleitsatz einmal am Anfang, einmal in der Mitte und einmal am Ende steht. Denke an die Redezeichen.

____

____

____

____

Diese Seite fand ich ○ leicht ○ mittel ○ schwer

Wörter mit -heit, -keit, -ung, -nis

Datum:

① Setze die sieben Nomen richtig zusammen.
Schreibe sie mit ihren Artikeln auf.

	Er	Ge	Ähn		
sund	mein	lich	leb	heim	eig
	keit	heit	nis		

② Bilde Nomen mit -heit, -keit, -ung, -nis. Schreibe sie mit dem Artikel auf.

tapfer • dumm • planen • hindern • schnell • verbessern
schön • retten • sicher • erlauben • sauber • finster

Diese Seite fand ich O leicht O mittel O schwer

Datum:

① Lies die Textabschnitte und nummeriere sie in der richtigen Reihenfolge.

Im Winter machen einige Tiere einen Winterschlaf, z. B. Igel und Hamster. Wenn es kalt wird, suchen sie einen sicheren Platz unter Steinen oder Laub auf. ☐

Andere Tiere, wie z. B. Störche oder Schwalben, finden im Winter bei uns keine Nahrung. ☐

Sie fliegen in den warmen Süden. Weil sie im Herbst dorthin ziehen, werden sie Zugvögel genannt. ☐

Die Tiere verbringen den ganzen Winter im Schlaf. Die Tiere, die nur Winterruhe halten, sind z. B. Mäuse und Eichhörnchen. Die Tiere legen im Herbst einen Futtervorrat an. Die Tiere wachen im Winter einige Male auf und fressen davon. ☐

② In einem der Textabschnitte fangen alle Sätze gleich an.
Überarbeite den Abschnitt. Stelle Sätze um oder gebrauche Pronomen.

____

____

____

____

____

____

____

____

Diese Seite fand ich ○ leicht ○ mittel ○ schwer

Bitten und Wünsche formulieren

Datum:

① Welche Sätze sind eine höflich formulierte Bitte? Unterstreiche sie.

Ist was? Kann ich dir helfen? Das ist meine Jacke.

Finger weg von meiner Jacke! Spinnst du, das ist unfair!

Ruhe! Du musst mich heute zum Training bringen.

Ich möchte gerne neben Lena sitzen. Könnt ihr mal bitte leise sein?

Du musst dich an die Regeln halten. Ich will neben Julia sitzen!

Hast du heute Zeit, mich zum Training zu bringen?

② Wähle aus. Schreibe eine höfliche Antwort an Tante Julia.

Liebe Tante Julia, Hey Tantchen,

dein Geschenk hab ich gekriegt. vielen Dank für dein Geschenk.

Leider hat mir Oma schon dasselbe Spiel geschenkt.

Aber blöderweise hab ich das Spiel schon. Ich schick es dir zurück.

Könntest du es vielleicht umtauschen? Du musst es umtauschen!

Bitte gib mir Bescheid, dann schicke ich es zurück. Finn Dein Finn

Einen Vorgang beschreiben

Datum:

① Beschreibe, wie die Serviettentechnik zum Verzieren von Ostereiern funktioniert. Ordne die Textteile.

Anschließend nimmst du ein ausgeblasenes Ei.	Zuerst schneidest du aus den Servietten schöne Motive aus.
Das Ei bestreichst du mit etwas Klebstoff.	Nun klebst du ein Motiv auf das Ei und streichst es glatt.
Dann ziehst du die obere Papierlage der Serviette mit den Motiven ab.	Du brauchst: Servietten mit hübschen Motiven, Kleber, Pinsel, ausgeblasene Eier.

Texte überarbeiten 2

Datum:

① Finde mithilfe der Korrekturzeichen die Fehler im Text und unterstreiche sie.
Rechtschreibfehler: **R** Zeitfehler: **Z** Ausdrucksfehler: **A** Wiederholung: **W**
Schreibe den Text richtig auf.

Mein Hochsprungwettkampf

Am Sontag hatte ich einen Hochsprungwettkampf.	**R**
Ich bin ganz schön aufgeregt. endlich ging es los.	**Z, R**
Endlich war ich dran. Beim ersten Sprunk kam ich	**W, R**
ganz leicht über die Stange. Am zweiten Sprung	**A**
schafte ich es erst im zweiten Fersuch.	**R, R**
Bei 1,50 Meter Höhe sind wir nur noch zu zweit.	**Z**
Leider wurde ich nur Zweiter, weil ich freute mich trotzdem.	**A**

Diese Seite fand ich ○ leicht ○ mittel ○ schwer

Vorlage zum Führen individueller Kompetenzgespräche

Hier schreibst du zusammen mit deiner Lehrerin auf, was du schon alles kannst.

Richtig schreiben		Datum	Anmerkungen
Ich schreibe am Satzanfang groß.	◯		
Ich erkenne Nomen und schreibe sie groß.	◯		
Ich erkenne Wörter mit doppelten Mitlauten und schreibe sie richtig: Ich verlängere am Wortende. Ich verlängere am Wortstammende.	◯		
Ich kann Wörter verlängern und herausfinden, ob sie mit d, b oder g geschrieben werden, auch in der Wortmitte.	◯		
Ich kann Wörter ableiten und herausfinden, ob sie mit ä oder äu geschrieben werden.	◯		
Ich erkenne Wörter mit silbentrennendem h und schreibe verwandte Wörter mit h.	◯		
Ich erkenne den Wortstamm von Wörtern und kann Wortfamilien bilden.	◯		
Ich kenne Merkwörter mit h.	◯		
Ich kenne Merkwörter mit ß.	◯		
Ich kenne die kleinen Merkwörter und schreibe sie richtig.	◯		
Ich kann lange und kurze Selbstlaute unterscheiden.	◯		
Ich erkenne, wann ich welche Rechtschreibstrategie anwenden muss: 	◯		

Sprache untersuchen		Datum	Anmerkungen
Ich weiß, dass Nomen Artikel haben und kenne die bestimmten und die unbestimmten Artikel.	○		
Ich weiß, dass es Nomen in der Einzahl und der Mehrzahl gibt.	○		
Ich weiß, dass Wörter mit -heit, -keit, -nis, -ung Nomen sind.	○		
Ich kann zusammengesetzte Nomen bilden und zerlegen.	○		
Ich weiß, dass Nomen in den vier Fällen stehen können (Nominativ, Genitiv, Dativ, Akkusativ), und finde sie durch Fragen.	○		
Ich kenne Verben in der Grundform und in den Personalformen.	○		
Ich kenne die Zeitformen von Verben: Präsens, Präteritum, Perfekt, Futur	○		
Ich kenne Adjektive in der Grundform und in der 1. und 2. Vergleichsstufe.	○		
Ich kann nach dem Subjekt im Satz fragen und erkenne das Subjekt.	○		
Ich kann nach dem Prädikat im Satz fragen und erkenne das Prädikat, auch zweiteilige Prädikate.			
Ich erkenne durch Fragen das Dativ- und Akkusativobjekt im Satz.	○		
Ich kenne die wörtliche Rede und kann die Redezeichen richtig setzen.	○		
Ich kann Werbung von Informationen unterscheiden.	○		
Ich kenne Redewendungen.	○		

Texte verfassen

Texte verfassen		Datum	Anmerkungen
Ich kann Sachtexte oder Lernergebnisse verständlich und strukturiert aufschreiben, z. B. Steckbriefe.	○		
Ich kann etwas beschreiben.	○		
Ich kann einen Vorgang beschreiben.	○		
Ich kann von Ereignissen berichten.	○		
Ich kann eigene Texte schreiben, z. B. etwas über mich, über Erlebnisse oder Wünsche.	○		
Ich kann einen Höhepunkt ausgestalten und verwende spannende Wörter und Sätze und die wörtliche Rede in meinen Texten.	○		
Ich kann etwas für andere schreiben und beachte dabei, an wen ich schreibe.	○		
Ich kann Bitten formulieren und kenne Höflichkeitsformulierungen.	○		
Ich kann mithilfe von Stichwörtern einen Text zusammenfassen.	○		
Ich kann Oberbegriffe bilden und dazu in verschiedenen Medien Informationen sammeln.	○		
Ich kann in Texten Informationen finden und zusammentragen.	○		
Ich kann meine Texte nach verschiedenen Kriterien überarbeiten.	○		
Ich kann Texte vortragen und achte dabei auf die Betonung, Pausen, Lautstärke.	○		
Ich kann ein Buch auswählen und anderen vorstellen.	○		

Sprechen und zuhören		Datum	Anmerkungen
Ich kenne und beachte unsere Gesprächsregeln.	○		
Ich kann aufmerksam zuhören.	○		
Ich beteilige mich an Gesprächen.	○		
Ich spreche deutlich und verständlich, achte auf meine Lautstärke und meinen Tonfall.	○		
Ich frage nach, wenn ich etwas nicht verstanden habe.	○		
Ich kann meine eigene Meinung äußern und begründen.	○		
Ich kann über meine Gefühle sprechen und auf die Gefühle anderer reagieren.	○		
Ich kann mit anderen diskutieren und nach Lösungen suchen.	○		
Ich kann Fragen zu einem Thema stellen und beantworten.	○		
Ich kann verständlich von Erlebnissen erzählen.	○		
Ich kann einen Sachverhalt verständlich beschreiben.	○		
Ich kann Wünsche formulieren und begründen.	○		
Ich kann im Rollenspiel verschiedene Rollen spielen.	○		
Ich kann mit meinem Gesicht, meiner Stimme und meinem Körper etwas ausdrücken.	○		

Jo-Jo Sprachbuch 4 Lernspurenheft

Erarbeitet von Sandra Meeh, Redaktion: Gabriela Korup

Illustrationen: Gabriela Silveira, Imke Sönnichsen

Gesamtgestaltung und technische Umsetzung: Heike Börner

Dieses Heft ist Bestandteil des Jo-Jo Sprachbuches 4 (ISBN 978-3-06-083630-7).
Es ist außerdem im 10er-Pack bestellbar (ISBN 978-3-06-081060-4).

Jo-Jo

Lesebuch 4

Lernspuren

Das kann ich schon

Name:

Klasse:

Cornelsen

Baumschädlinge

1 Wie sieht der jeweilige Baumschädling aus?
Verbinde Passendes.

Der Buchdrucker ist •	• ein Falter, der hellbraun-weiß gestreift ist und 3 Millimeter lange Flügel hat.
Der Fichtenrüsselkäfer ist •	• dunkelbraun, behaart und 5 Millimeter lang.
Die Rosskastanien-Miniermotte ist •	• schwarz-braun, gelb gefleckt und 8 bis 14 Millimeter lang.

2 Welche Aussagen stimmen? Kreuze nur die richtigen an.

- ☐ Alle drei Baumschädlinge lieben die Fichte.
- ☐ Der Fichtenrüsselkäfer ist für Laubbäume keine Gefahr.
- ☐ Die Larven des Großen Braunen Rüsselkäfers schaden jungen Nadelbäumen.
- ☐ Der Buchdrucker befällt nur eine Nadelbaumart.
- ☐ Die Rosskastanien-Miniermotte liebt außer der Rosskastanie noch die Eiche.
- ☐ Nadelbäume sind von der Rosskastanien-Miniermotte nicht befallen.

Diese Seite fand ich O leicht O mittel O schwer

Eine Tabelle auswerten

3 Der Förster entdeckt unter der Rinde einer Fichte Fraßgänge und kleine, weiße, längliche Tierchen. Um welchen Schädling handelt es sich? Erkläre.

____

____

____

____

____

____

____

____

Die Tabelle „Baumschädlinge“ fand ich

☐ leicht zu lesen ☐ schwierig zu lesen

Was hat dir im Kapitel Es wächst und grünt gut gefallen? Begründe.

____

____

____

____

____

Spy Eye verschwindet

(1) Welcher der Männer ist Dr. Fletchstone? Kreuze an.

☐

☐

☐

(2) In welcher Stadt ist Dr. Fletchstone angekommen? Schreibe auf.

___

(3) Beschreibe, wie Gitta und Kalle aussehen.

___

___

___

___

___

___

___

Diese Seite fand ich ○ leicht ○ mittel ○ schwer

④ Warum könnte die Wundermaschine Spy Eye nützlich für Diebe sein? Erkläre.

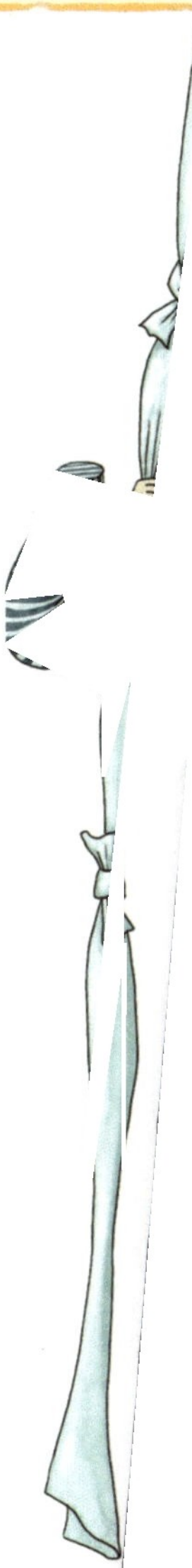

Die Detektivgeschichte „Spy Eye verschwindet“ fand ich

☐ leicht zu lesen ☐ schwierig zu lesen

Was hat dir im Kapitel Detektivgeschichten gut gefallen? Begründe.

Weihnachtszeit in Mexiko

1. Was erfährst du über „Las Posadas", die vorweihnachtlichen Feiern in Mexiko? Ergänze die Lücken.

Sie beginnen ________ Tage vor Weihnachten.

Die letzte Posada wird am ______________ Dezember gefeiert.

2. Wer führt den feierlichen Umzug an, wer bildet das Ende? Nummeriere in der richtigen Reihenfolge.

_____ Mädchen und Jungen mit Kerzen oder Papierlaternen

_____ zwei Kinder mit einer kleinen Sänfte

_____ ein als Engel verkleidetes Kind

_____ einige Musikanten

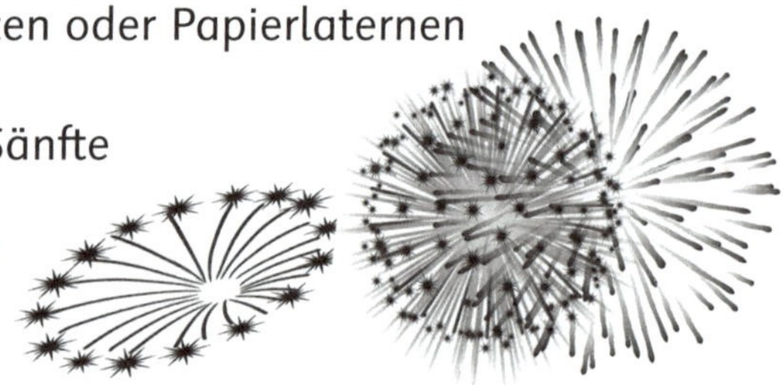

3. In Deutschland und in Mexiko wird der Heilige Abend auf unterschiedliche Weise gefeiert. Nenne zwei Unterschiede.

____

____

____

____

____

____

(4) Welches ist dein liebstes Fest? Wie feierst du es? Schreibe auf.

Den Bericht „Weihnachtszeit in Mexiko“ fand ich

☐ leicht zu lesen ☐ schwierig zu lesen

Was hat dir im Kapitel Winterkälte gut gefallen? Begründe.

Diese Seite fand ich ○ leicht ○ mittel ○ schwer

Anton hat Zeit

1 Welcher Satz passt am besten zu Anton?
Markiere ihn.

Anton spart sich seine Zeit auf.

Anton verschwendet seine Zeit.

Anton stiehlt jemandem die Zeit.

Anton nimmt sich für alles Zeit.

Anton geht mit der Zeit.

Anton teilt sich seine Zeit ein.

2 Was meint Antons Mutter, wenn sie sagt
„Himmel, wo ist nur schon wieder die Zeit geblieben?"
Kreuze an.

☐ Wenn man etwas Schönes macht,
vergeht die Zeit viel zu schnell.

☐ Sie hat zu viele Dinge zu erledigen.

☐ Die Ampel in der Schlüterstraße ist zu selten grün.

☐ Ihre Armbanduhr geht nicht richtig.

Diese Seite fand ich ○ leicht ○ mittel ○ schwer

(3) Was meinst du, hat Anton mehr Zeit als seine Mutter?
Schreibe auf und begründe.

Den Erzähltext „Anton hat Zeit“ fand ich

☐ leicht zu lesen ☐ schwierig zu lesen

Was hat dir im Kapitel Zeit vergeht gut gefallen? Begründe.

Diese Seite fand ich O leicht O mittel O schwer

Die kleinen und die großen Fische

(1) Untersuche die Geschichte und kreuze an, was zutrifft.
Entscheide dann, welche Textart es ist.

Sage	Fabel
☐ Ein Ort wird genannt.	☐ Tiere verhalten sich wie Menschen.
☐ Die Geschichte bezieht sich auf etwas, das es in der Wirklichkeit gibt.	☐ Die Tiere gehen nicht freundlich miteinander um, sie sind Gegenspieler.
☐ Es wird erklärt, woher ein Name kommt oder wieso etwas in der Natur vorkommt.	☐ Die Tiere haben typisch menschliche Eigenschaften.
☐ Es passieren merkwürdige und magische Dinge.	☐ Die Geschichte hat am Ende eine Lehre.

Die Geschichte ist eine ______________________________

Diese Seite fand ich ○ leicht ○ mittel ○ schwer

(2) Erkläre die Redensart „Hochmut kommt vor dem Fall“.

Die Geschichte „Die kleinen und die großen Fische“ fand ich
☐ leicht zu lesen ☐ schwierig zu lesen

Was hat dir im Kapitel Tieren auf der Spur gut gefallen? Begründe.

Der Axtdieb

1. Lies den Text genau und nummeriere die Reihenfolge der Geschehnisse von 1 bis 5.

☐ Der Mann findet seine Axt wieder.

☐ Der Mann hält den Jungen für einen Dieb.

☐ Der Mann findet seine Axt nicht mehr.

☐ Der Mann beobachtet den Jungen genau.

☐ Der Mann ändert seine Meinung.

2. Welche Aussage ist richtig? Kreuze an und begründe.

☐ Der Junge ist ein Dieb, denn ____________________

____

____

____

☐ Der Junge ist kein Dieb, denn ____________________

____

____

____

____

Diese Seite fand ich O leicht O mittel O schwer

(3) Warum sah der Junge für den Mann plötzlich nicht mehr wie ein Axtdieb aus? Schreibe auf.

Das Märchen „Der Axtdieb" fand ich

☐ leicht zu lesen ☐ schwierig zu lesen

Was hat dir im Kapitel Schau mal gut gefallen? Begründe.

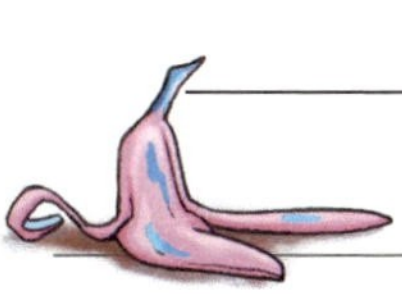

Kinder haben Rechte / Kindertage

(1) Lies den Sachtext und lies den Bericht.
Entscheide, welche Sätze stimmen.
Kreuze nur die richtigen Sätze an.

- ☐ Kinder haben das Recht auf ein sicheres Zuhause.
- ☐ Den Weltkindertag gibt es seit 1954.
- ☐ Die UNO hat 54 Kinderrechte festgelegt.
- ☐ Die UNO besteht aus über 200 Ländern.
- ☐ Seit es die Kindertage gibt, muss kein Kind mehr hungern.
- ☐ Am 20. September ist der Weltkindertag.
- ☐ Kinder haben das Recht, zu spielen.
- ☐ Die Kinderrechte gelten in allen Ländern der Welt.
- ☐ Der Internationale Kindertag ist am 11. Juni.
- ☐ Kinder haben das Recht, selbst zu bestimmen, wann sie schlafen gehen.

Diese Seite fand ich O leicht O mittel O schwer

(2) Welche Rechte findest du besonders wichtig?
Schreibe sie auf die Pinnwand.

Interview mit Sabine Ludwig

(1) Welche Geschichten von Sabine Ludwig findest du in deinem Lesebuch? Schreibe den Titel der Geschichte und die Seitenzahlen auf.

(2) Setze die richtigen Wörter ein und vervollständige die Sätze.
Bücher / Cover / Erfahrungen / mühsam / Sorgen / Spannung / Übersetzungen / ~~Witz~~ / Zeichnungen

Magie bringt Witz und ______ in eine Geschichte.

In den meisten Geschichten stecken eigene ______.

Es ist ______, Geschichten aufzuschreiben. Alle ______ mag ich gleich gerne. Viele ______ sind nicht anders als die, die ich als Kind hatte. Mit der Illustratorin spreche ich über das ______ und die ______. Bei ______ lerne ich viel für das eigene Schreiben.

Diese Seite fand ich O leicht O mittel O schwer

(3) Was findest du noch über Sabine Ludwig heraus?
Sammle Informationen aus dem Kapitel, aus den Büchern von Sabine Ludwig und von ihrer Homepage.
Schreibe einen Steckbrief.

www.sabine-ludwig-berlin.de

Diese Seite fand ich O leicht O mittel O schwer

Kinderbücher

(1) Welche Medien kennst du? Wofür nutzt du sie? Schreibe auf.

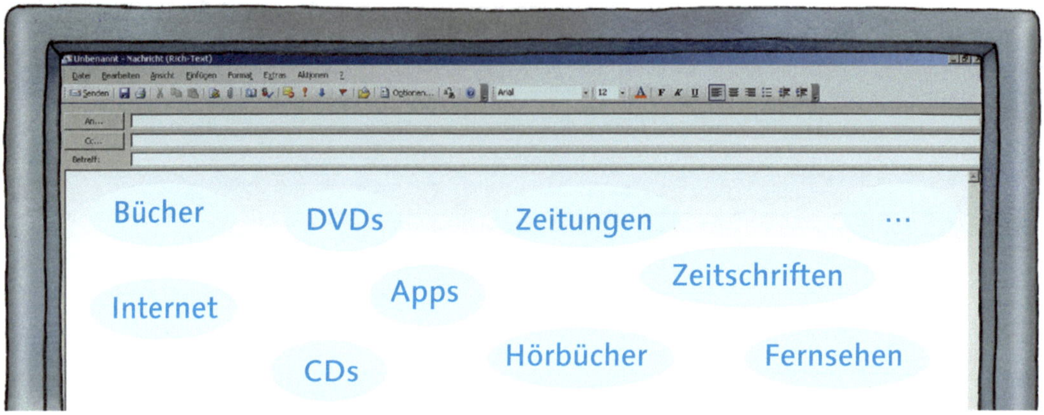

Information
Suche
...
Unterhaltung
Spielen

Medium	genutzt für

Erfahrungen mit Medien beschreiben

Medium	genutzt für

(2) Welche Medien nutzt du besonders gerne? Oder:
Welche Medien nutzt du nicht so gerne?
Schreibe auf und begründe.

Vorlage zum Führen individueller Kompetenzgespräche

Hier schreibst du zusammen mit deiner Lehrerin auf, was du schon alles kannst.

Lesefähigkeiten		Datum	Anmerkungen
Ich verstehe die Bedeutung von Wörtern und Sätzen.	○		
Ich kann verstehen, was ein Text sagen will.	○		
Ich kann Texte flüssig lesen.	○		
Ich kann Texte betont vorlesen.	○		

Lesefähigkeit und Leseerfahrung dokumentieren		Datum	Anmerkungen
Ich kann einschätzen, wie gut ich gelesen habe.	○		
Ich weiß, wie ich das Lesen gut üben kann.	○		
Ich tausche mich mit anderen Kindern darüber aus, was ich gerne lese.	○		
Ich führe ein Lesetagebuch oder ein Lesebegleitheft.	○		
Ich nutze eine Lesekiste.	○		
Ich nutze ein Leseportal im Internet.	○		

Leseverstehen vertiefen		Datum	Anmerkungen
Ich kann verschiedene Arten von Sachtexten unterscheiden.	○		
Ich kann Berichte erkennen.	○		
Ich kann einen Lexikonartikel erkennen und nutzen.	○		

Ich kann eine Anleitung nutzen.	○		
Ich kann Prospekte erkennen und nutzen.	○		
Ich kann verschiedene Arten von erzählenden Texten unterscheiden.	○		
Ich kann Märchen erkennen.	○		
Ich kann Sagen erkennen.	○		
Ich kann Fabeln erkennen.	○		
Ich kann Gedichte erkennen.	○		
Ich kann Spielstücke erkennen.	○		
Ich kann zu Texten Spielideen entwickeln.	○		
Ich kann verschiedene Medien nutzen.	○		
Ich wähle Bücher und andere Medien in einer Bücherei aus.	○		
Ich kenne Autorinnen und Autoren von Kinderbüchern.	○		
Ich kenne berühmte Kinderbücher.	○		
Ich kann anderen ein Buch vorstellen.	○		
Ich kann mir Dinge vorstellen, die in einem Text beschrieben werden.	○		
Ich kann mich in Figuren aus Texten hineinversetzen.	○		
Ich kann bewerten, wie ich das Handeln von Figuren empfinde.	○		
Ich kann zu Geschichten und Gedichten malen und gestalten.	○		
Ich kann Informationen in Medien suchen.	○		
Ich kann meine Erfahrungen mit Medien beschreiben.	○		

Lesen und verstehen

Texterschließungsstrategien nutzen		Datum	Anmerkungen
Ich kann vor dem Lesen sagen, was ich schon über ein bestimmtes Thema weiß.	○		
Ich kann unbekannte Wörter klären.	○		
Ich kann Schlüsselwörter in einem Text finden.	○		
Ich kann W-Fragen zu einem Text stellen.	○		
Ich kann auf W-Fragen zu einem Text Antworten finden.	○		
Ich kann einen Text in Abschnitte einteilen.	○		
Ich kann Informationen aus einem Text entnehmen.	○		
Ich kann Informationen aus einem Text mit Stichworten wiedergeben.	○		
Ich kann Informationen aus Texten vergleichen.	○		
Ich kann meine Meinung begründen.	○		
Ich kann Anleitungen verstehen und danach handeln.	○		
Ich kann nachfragen, wenn ich etwas nicht verstehe.	○		

Texte präsentieren		Datum	Anmerkungen
Ich kann Texte vortragen.	◯		
Ich kann Texte auswendig vortragen.	◯		
Ich kann mit meinem Gesicht und meinem Körper etwas ausdrücken.	◯		
Ich kann einen Lesevortrag halten.	◯		
Ich kann ein Kinderbuch aussuchen und anderen vorstellen.	◯		

Das kann ich schon

Seite 2	Es wächst und grünt	eine Tabelle auswerten	
Seite 4	Detektivgeschichten	Informationen finden, Fremdsprachen verstehen	
Seite 6	Winterkälte	Informationen in Berichten finden	
Seite 8	Zeit vergeht	Aussagen von Texten verstehen	
Seite 10	Tieren auf der Spur	eine Textart erkennen	
Seite 12	Schau mal	Handeln von Figuren bewerten	
Seite 14	Das bin ich Medien	Texten Informationen entnehmen	
Seite 16	Ich liebe Bücher	eine Autorin kennen	
Seite 18	Ich liebe Bücher	Erfahrungen mit Medien beschreiben	

Jo-Jo Lesebuch 4 Lernspurenheft
Redaktion: Dr. Birgit Waberski
Illustrationen von Sabine Wiemers, Imke Sönnichsen
Gesamtgestaltung und technische Umsetzung: Heike Börner

Dieses Heft ist Bestandteil des Jo-Jo Lesebuches 4 (ISBN 978-3-06-080871-7) und nicht einzeln bestellbar. Es kann im 10er-Pack nachbestellt werden (ISBN 978-3-06-080879-3).